Henry NIVET

NOTIONS ÉLÉMENTAIRES
D'ÉCONOMIE MARXISTE

Première Partie

Théorie de la Valeur

——o——

BIBLIOTHÈQUE DU PARTI SOCIALISTE DE FRANCE
7 — RUE RODIER — 7
PARIS — IX°

1904

Tous droits réservés

A LAURA LAFARGUE.

Hommage de reconnaissance respectueuse pour la sympathie et les conseils dont elle m'a encouragé dans l'étude de l'œuvre de Marx.

NOTIONS ÉLÉMENTAIRES D'ÉCONOMIE MARXISTE

DANS LA MÊME SÉRIE PARAITRONT :

En octobre 1904 — Deuxième partie : *Théorie de la monnaie*.
En janvier 1905 — Troisième partie : *Théorie de la plus-value*.

Henry NIVET

NOTIONS ÉLÉMENTAIRES
D'ÉCONOMIE MARXISTE

Première Partie

Théorie de la Valeur

BIBLIOTHÈQUE DU PARTI SOCIALISTE DE FRANCE
7 — RUE RODIER — 7
PARIS — IXe

1904
Tous droits réservés

AVERTISSEMENT

La présente brochure constitue la première partie d'une étude dans laquelle je me propose de résumer la plupart des théories contenues dans les quatre volumes du Capital *de Karl Marx. Toutefois je n'ai pas pour but d'en éviter la lecture à ceux qui veulent parler du marxisme en connaissance de cause. C'est pourquoi je ne m'attacherai qu'à mettre en évidence les points principaux de l'économie marxiste sans me préoccuper de suivre pas à pas l'exposé de Marx. Certaines parties du* Capital *seront donc laissées de côté, parce qu'en les résumant on ne ferait qu'en affaiblir la clarté ; d'autres seront au contraire étudiées en détail, parce qu'il importe qu'on en ait une notion précise pour pouvoir continuer la lecture de l'ouvrage.*

J'ai tenu compte en particulier de la difficulté que l'on éprouve généralement à comprendre les 80 premières pages du premier livre. Cette difficulté est plus apparente que réelle et elle arrête surtout le lecteur français habitué à une littérature où l'esprit tient le plus souvent la place du raisonnement. Une fois qu'on l'a vaincue, que l'on a pour ainsi dire saisi le fil conducteur de la pensée de Marx, on peut poursuivre l'étude du premier livre avec la plus grande facilité.

Dans le but d'aider le lecteur consciencieux à franchir

ce pas, je me suis efforcé, dans la présente brochure, d'expliciter la notion du travail producteur de la valeur, qui paraît être si confuse chez ceux qui vivent en marge ou en dehors du Parti socialiste de France et qui cependant, tels que M. Georges Sorel, se réclament du marxisme d'une manière si tapageuse.

Pour mener à bien cette tâche délicate, j'ai échangé mes vues avec tous ceux que je savais qualifiés pour traiter la question. Je dois particulièrement remercier à cet égard mon ami Edouard Fortin qui a bien voulu critiquer ma première rédaction chapitre par chapitre. Mais comme sur un pareil sujet, si peu exploré en France, on ne saurait atteindre à trop de perfection, j'accueillerai avec la plus vive satisfaction tous les correctifs que me proposeront mes camarades du Parti socialiste international ainsi que les objections des adversaires de l'économie marxiste.

Versailles, février 1901.

HENRY NIVET.

TABLE DES MATIÈRES

	Pages
I. — **Introduction :** Genèse, définition et portée de l'économie marxiste............	1
II. — **Le point de départ et l'économie marxiste :** La marchandise, son rôle dans l'économie sociale. — Ce qu'on entend par « valeur d'usage »............	7
III. — **La valeur :** La théorie marxiste de la valeur vis-à-vis de la science officielle. — Ce qu'on entend par « valeur d'usage » et par « valeur ». — Comment la valeur d'usage et la valeur d'une marchandise sont indépendantes l'une de l'autre et ne peuvent entrer en comparaison. — La substance de la valeur............	15
IV. — **Travail individuel et travail producteur de la valeur :** Le travail producteur de valeur. — La grandeur de la valeur. — Ce qu'on entend par temps de travail « socialement nécessaire ». — Comment le travail individuel est sans influence sur la grandeur de la valeur et sur ses variations. — Cause déterminante des variations de grandeur de la valeur d'une marchandise............	22
V. — **Travail social et travail producteur de la valeur :** La notion de la valeur suppose la production marchande. — La valeur et l'utilité. — Influence de la circulation des marchandises sur les variations de la valeur. — Travail inutile et travail gaspillé. — Définition complète de la mesure de la valeur......	28
VI. — **Les deux aspects du travail producteur des marchandises :** Travail producteur de valeurs d'usage et travail producteur de valeur. — La forme et la substance du travail. — Rôle de l'utilité par rapport à la valeur............	36
VII. — **L'expression élémentaire de la valeur :** D'Aristote à Marx. — Valeur d'échange et valeur. — Les deux pôles de l'expression de la valeur. — Ce que montre l'expression élémentaire de la valeur. — Variations comparées de la valeur et de son expression élémentaire............	44
VIII. — **Genèse de la monnaie :** Extension du rôle de l'équivalent. — La forme totale ou développée de la valeur. — La forme générale. — La forme monnaie. — Conditions historiques de son développement............	52
IX — **Signification du rôle apparent de la marchandise :** Raison pour laquelle la valeur est inséparable de la production marchande. — Principes constitutifs de la production marchande ; comment elle se distingue des autres modes de production. — Comment la forme marchandise des produits du travail cache un rapport social entre les producteurs............	58

Notions Élémentaires
D'ÉCONOMIE MARXISTE

I

Introduction

Genèse, Définition et Portée de l'Économie Marxiste

> Trop souvent ceux qui écrivent sur Marx, ou ne l'ont pas lu du tout, ou ne l'ont lu que très superficiellement...... La compréhension du *Capital* de Marx, qui sous la forme d'une critique de l'économie politique, fonde un nouveau système historique et économique, suppose non seulement un certain savoir historique, mais aussi la connaissance des faits que présente le développement de la grande industrie.
>
> Karl Kautsky. — *Doctrines économiques de Karl Marx*, préface.

En 1844, après deux années de collaboration active à la *Rheinische Zeitung* (Gazette Rhénane), Karl Marx, entraîné par les besoins mêmes de la polémique dans la discussion de certaines questions économiques alors d'actualité, reconnaissait l'insuffisance — sinon l'impuissance — de la philosophie pour l'explication du mouvement historique de l'humanité. Faisant preuve alors d'une probité scientifique que l'on chercherait en vain chez nos adversaires théoriques de l'heure présente, il entreprenait la révision critique de la *Philosophie du droit* de Hégel, qui avait fait autorité jusque là dans le mouvement intellectuel de la jeunesse allemande.

La même année, au terme de ce travail, il se rencontrait pour la première fois avec Friedrich Engels qui avait été conduit à une critique analogue par le spectacle quotidien du monde industriel de Manchester. Cette rencontre fut un événement mémorable, car Marx et Engels y contractèrent cette amitié féconde qui s'affirma depuis lors par une collaboration presque constante d'Engels aux travaux de Marx — et l'on sait quels témoignages immortels Engels nous en a laissés. Marx y tomba d'accord avec Engels sur tous les points de sa critique, et peu après il publiait l'*Introduction à la critique de la philosophie du droit de Hégel*. C'était là le point de départ d'une méthode d'analyse féconde que Marx et Engels allaient bientôt, après un travail en commun, tracer dans ses grandes lignes et qui devait par la suite jeter la plus vive lumière sur les événements restés énigmatiques et sur les crises profondes qui avaient traversé la vie des peuples et des nations. Cette méthode — connue aujourd'hui sous le nom de *matérialisme économique* et appelée aussi, mais moins exactement, *conception matérialiste de l'histoire* — mise à l'épreuve par ses fondateurs, leur donnait rapidement de brillants résultats ; et quelques années plus tard elle leur permettait de rendre un service inoubliable au Prolétariat de tout l'univers : celui de tirer le socialisme de la voie de l'utopie. Le *Manifeste du Parti communiste* lancé en 1848 par la *Ligue des communistes* donnait en effet le coup de grâce aux derniers *systèmes communistes* dans l'élaboration desquels les plus grands penseurs du siècle avaient épuisé leur philanthropie idéaliste. Or on sait que ce Manifeste a rendu immortels les noms de Marx et d'Engels.

Il restait cependant une œuvre à accomplir, sans laquelle la valeur du matérialisme économique aurait sans doute été bien longtemps ignorée. Après avoir montré que « les rapports du droit (1) ainsi que les formes de l'Etat... ont leurs racines dans les rapports matériels de la vie... et que l'anatomie de la société civile doit être cherchée dans l'économie politique », il fallait mettre le principe en application. Il fallait, par conséquent, faire abstraction des *catégories politiques* qui se heurtent au sein de la société bourgeoise et analyser la *structure économique* de cette société, c'est-à-dire les lois qui y régissent la *production* et les conséquences qui en résultent pour le *régime de la propriété* et la répartition des produits.

Là et là seulement devait être cherchée la forme exacte à donner aux revendications générales de tous ceux qui, souffrant de plus en plus de « l'ordre » social légalement garanti, réclamaient d'instinct un autre régime économique.

Cette œuvre gigantesque qui nécessitait au préalable l'étude et la critique de tout ce qui, en matière d'*économie politique*, était considéré comme le dernier mot de la science, Karl Marx l'accomplit également — ou tout au moins dans ses parties essentielles, car c'est à Engels que nous devons la publication des deuxième et troisième livres du *Capital*, l'ouvrage magistral où Marx a exposé le résultat de ses recherches et auquel il n'eut pas le temps de mettre la dernière main. C'est pourquoi sa renommée plane sur le *Parti socialiste international* et se diffuse de plus en plus à travers le monde en dépit des sabres, des fusils, des canons et des prisons derrière lesquels se retranchent les économistes officiels aux abois.

En réalité Marx n'a pas seulement bouleversé de fond en comble l'économie politique bourgeoise. Il a édifié sur ses ruines une nouvelle science économique. Evidemment cette science n'est pas sortie de toutes pièces du cerveau de Marx par une de ces « générations spontanées » que le fétichisme de l'opinion publique voit dans les œuvres léguées par les penseurs de génie.

---

(1) Karl Marx. — *Critique de l'économie politique*, préface.

Marx est le premier à repousser une telle appréciation de ses œuvres. Chaque fois qu'il énonce une déduction nouvelle dans son exposé des réalités économiques de la société bourgeoise, c'est, en quelque sorte, accompagné de toute l'escorte de ses précurseurs qu'il se présente au lecteur. Il indique en effet ce qu'ont dit avant lui tous ceux qui se sont le plus approchés de ses conceptions. Et par là sont d'avance frappées de discrédit toutes les critiques tendancieuses qui veulent voir dans le *Capital* non une œuvre scientifique, mais une théorie économique arbitraire, inventée pour justifier la propagande socialiste.

S'il y a des œuvres économiques tendancieuses, c'est seulement depuis que la classe capitaliste cherche à faire passer pour des « droits naturels » ses privilèges économiques (1). Quand de telles préoccupations n'existaient pas encore, c'est-à-dire au XVIIIe siècle et au commencement du XIXe, les recherches des économistes étaient au contraire rigoureusement scientifiques, à quelques exceptions près. Et c'est pourquoi Marx a pu démontrer pour ainsi dire ligne par ligne qu'il avait avant tout résolu les difficultés qui avaient arrêté ses prédécesseurs.

Mais une fois qu'il a prouvé *par le fait* l'erreur ou l'imperfection des conceptions de ses devanciers, une fois qu'il a donné un aboutissement certain à leurs recherches, Marx ne procède plus que de son observation personnelle. S'élevant sans cesse du simple au composé par un effort d'analyse qui, aujourd'hui encore, n'a pas cessé de provoquer l'étonnement et l'admiration, il montre l'enchaînement *réel* des lois naturelles de la production, de ces *tendances* qui, selon sa frappante expression, « se manifestent et se réalisent avec une nécessité de fer (2) ». Et il

---

(1) Les œuvres de Frédéric Bastiat forment le premier type important de ce genre d'écrits — tout au moins en France.

(2) Karl Marx. — *Le Capital*, livre I, préface de l'édition française.

aboutit à cette victoire tout au moins inattendue sur les théoriciens de la bourgeoisie : alors que la *tendance* incontestable *à la baisse du taux du profit* paraissait aux adversaires des doctrines économiques de Marx comme le plus fort argument à employer contre elles, il se trouve que ces doctrines seules peuvent donner une explication scientifique de cette tendance. Si l'on ajoute enfin que la partie relative à la législation des fabriques constitue un modèle de l'interprétation pratique à donner au matérialisme économique, on aura sans doute établi la légitimité d'appeler *économie marxiste* l'ensemble des doctrines économiques qui se dégagent du *Capital*.

A la vérité, il semblerait qu'une telle science dût être livrée aux seules préoccupations des universitaires et des étudiants qui, dans la division sociale du travail actuellement en vigueur, ont l'apanage du travail intellectuel. Cependant la lecture du *Capital* passe généralement pour rebuter l'effort de compréhension des purs intellectuels, tandis que bon nombre de travailleurs, munis d'une simple instruction primaire, s'étant mis courageusement à la tâche, sont arrivés à saisir très clairement, dans ce qu'elle a d'important, la pensée exacte de Marx. Ce fait seul, qu'il est impossible de révoquer en doute, suffirait à défaut d'autres pour mettre en évidence la vérité du principe primordial sur lequel repose le matérialisme économique ; à savoir que chaque *classe* de la société a toujours naturellement des idées conformes à sa situation économique.

Dans ces conditions, le caractère abstrait des doctrines contenues dans le *Capital* ne peut être invoqué contre elles pour les bannir de la propagande socialiste. Bien au contraire, c'est en en facilitant la compréhension par des *explications préliminaires*, qu'on fera le plus sûrement surgir du sein de la classe ouvrière les hommes qui lui indiqueront son devoir immédiat aux jours prochains de la Révolution — et les événements qui se déroulent sur le marché international rendent cette Révolution de plus en plus imminente, quoi qu'en puissent penser ceux qui n'ont vu et ne voient dans la marche ascendante de la classe ouvrière vers la conquête du pouvoir, qu'un moyen de satisfaire leurs ambitions particulières.

Contribuer à cette préparation est le seul but de la présente étude.

II

Le point de départ de l'économie Marxiste

La Marchandise. — Son rôle dans l'économie sociale. — Ce qu'on entend par « valeur d'usage »

> Pour la société bourgeoise actuelle, la forme marchandise du produit du travail est la forme cellulaire économique.
> Karl Marx. — *Le Capital.*

Le point de départ de l'économie marxiste, c'est la *marchandise*. En cela Marx est d'accord avec la plupart des économistes contemporains. C'est pourquoi les hommes de lettres et les philosophes de tout rang, conférenciers en Sorbonne ou simples salariés à tant la ligne, font peser sur l'économie politique officielle la même accusation que sur le marxisme : celle de ne saisir que le côté économique des choses et de donner ainsi à la vie sociale de chaque nation un aspect différent de la réalité (1).

Mais, dès les premiers pas il est visible que Marx s'engage dans une voie nouvelle et inexplorée avant lui. Là où ses pré-

---

(1) Pour savoir ce que vaut cette accusation au regard du marxisme et vis-à-vis de l'économie bourgeoise, lire dans *Le Capital* le chapitre intitulé : *La Formule tripartite* liv. III, septième partie, chap. XLVIII. On ne saurait trop recommander cette lecture, en particulier, à M. h. Cornélissen, qui récemment s'est essayé d'une façon si grotesque contre la théorie marxiste de la valeur. Il semble certain d'après cette « critique » que M. Cornélissen a eu connaissance du livre III du *Capital*, mais ce qui est plus certain, c'est que le sens de cet ouvrage lui a absolument échappé. La haine du marxisme, même insufflée par M. Domela Nieuwenhuis et encouragée par M. Rouanet, n'a jamais conféré, jusqu'à maintenant, un brevet de génie. M. Cornélissen l'a démontré une fois de plus.

curseurs étaient restés arrêtés dans des discussions terre à terre, il découvre, lui, les raisons dernières de *l'anarchie économique de la société bourgeoise* et en montre les conséquences *fatales et désastreuses* pour la classe des producteurs. De là il s'élève à l'explication de l'évolution économique des sociétés, dont la *société capitaliste* n'est qu'une *phase nécessaire*. Il montre comment, dans la succession des phases de cette évolution, le *travail* est toujours resté la *base de la richesse sociale*, quels que soient les moyens employés par les classes dominantes pour accaparer cette richesse. Il démontre enfin — et c'est là un des plus grands mérites de son œuvre — que dans la production et la circulation de cette richesse, il ne peut y avoir ni « génération spontanée », ni fantômes.

Mais d'où vient que la marchandise soit nécessairement le point de départ de l'économie sociale contemporaine ? Car enfin l'esprit des gens de lettres de toute espèce se détourne avec dédain de cette « matérialité » si vulgaire ; et, d'autre part, dans le monde d'abstractions qui absorbe la majeure partie des têtes pensantes de notre époque, elle ne reçoit l'hospitalité qu'après avoir été revêtue d'attributs mystiques qui lui donnent une seconde nature !

C'est qu'en cette matière il faut procéder comme dans toute science. C'est du *phénomène élémentaire* — c'est-à-dire le plus simple parmi tous ceux qui rentrent dans une catégorie déterminée, celui qui joue vis-à-vis de tous les phénomènes de la même catégorie le rôle d'un *élément* par rapport à un composé — que le raisonnement doit partir pour arriver graduellement à l'explication des phénomènes les plus complexes. Mais tandis que les phénomènes complexes sont en général les plus faciles à observer, *les phénomènes élémentaires ne deviennent perceptibles ou compréhensibles que lorsque la science les a isolés par de longs et souvent pénibles travaux*. Après quoi, le lien qui unit les uns aux autres s'impose souvent à l'esprit jusqu'à l'évidence ; et il n'est pas rare d'entendre l'opinion publique s'écrier :

« Comment l'humanité a-t-elle pu rester si longtemps sans découvrir une chose si simple ! »

C'est ce qui est arrivé pour l'économie sociale. Tout le monde sait ce qui signifient *grosso modo* vendre et acheter. Tout « civilisé » peut manier aujourd'hui des marchandises. Bien plus, la marchandise est apparue dès l'aube de la civilisation, c'est-à-dire longtemps avant l'ère chrétienne ; et cependant il a fallu attendre jusqu'à Marx pour savoir *exactement* en quoi elle consiste, pour distinguer ce qui se rapporte à elle et ce qui lui est étranger. Ce serait une erreur de croire qu'on a découvert spontanément sa substance — en tant que marchandise — et ses propriétés. Au contraire, les précurseurs de Marx, Ricardo par exemple, sont arrivés très près des premiers résultats obtenus par lui, et cependant leur esprit a été impuissant à passer aux conclusions de Marx, qui nous paraissent toutes naturelles maintenant que nous les connaissons.

Si la marchandise est prise comme point de départ de l'économie marxiste c'est donc parce qu'aux yeux de Marx et de ses disciples, elle constitue le phénomène élémentaire de l'économie sociale. Mais la marchandise joue effectivement un tel rôle dans la réalité, car elle est l'élément visible de la richesse des nations civilisées. Quant on établit, en effet, une échelle de comparaison, quant à la vitalité, entre les nations modernes, on les classe d'après la quantité et la valeur en numéraire des marchandises qu'elles importent et qu'elles exportent ; et selon que ces nombres baissent ou augmentent pour une même nation, on dit qu'il y a décadence ou progrès économique (1).

Et effectivement la vitalité d'une nation civilisée tient aux conditions dans lesquelles s'y opèrent la production et la circulation des marchandises ; et l'arrêt dans l'un ou l'autre de ces

---

(1) Consulter à ce sujet le beau livre de notre camarade *Paul Louis*, intitulé *La guerre économique*, en vente à la bibliothèque du Parti Socialiste de France.

phénomènes sociaux, qui sont étroitement liés, a le retentissement le plus douloureux sur les manifestations générales de la vie nationale. Ce sont là d'ailleurs des choses tellement claires que l'on serait tenté de se borner à les signaler. Il faut cependant qu'on y insiste ou tout au moins que l'on dénonce l'erreur de certains courants d'opinions provenant d'une inexacte compréhension — ou même d'une ignorance complète — de ces choses. Il y a telles gens dont le cerveau, en retard d'un siècle sur l'évolution de l'espèce humaine, se refuse à l'évidence. Il en est d'autres à qui l'hypertrophie d'une de leurs facultés fait voir la réalité déformée comme au travers d'un prisme. Je veux parler des *nationalistes;* non pas de ceux qui, placés actuellement en vedette par les hasards de la politique, cherchent en vain, par des scandales de presse ou de tribune, à éviter le naufrage dans l'oubli après avoir réveillé un instant l'espoir des partis purement réactionnaires; mais de cette masse non négligeable de gens qui croient au fétiche Nation comme leurs ancêtres ont cru à la divinité de la Royauté. Pour certains d'entre eux, les premiers auxquels j'ai fait allusion, le *nationalisme* consiste à croire que l'armée est le commencement et la fin de tout dans une nation.

Ils évoquent en toute circonstance une « Patrie » aux instincts sanglants, hantée sans cesse par le spectre de « l'étranger » et dans laquelle le plus beau développement de la personnalité humaine s'effectue par la voie unique de l'obéissance passive. Parler de production et de circulation des marchandises à ces gens là, essayer de leur faire comprendre l'interdépendance des marchés nationaux, c'est commettre un véritable anachronisme. Leur mentalité est restée celle des militaires du premier Empire. Les autres, au contraire, comprenant que l'importance économique de la nation est la condition même de sa vitalité, se méprennent sur l'efficacité des mesures légales qui peuvent accroître cette importance, et préconisent un *protectionnisme* étroit dont le plus clair résultat serait d'affamer les travailleurs nationaux. Les uns comme les autres préservent la « grandeur nationale » à la façon des naufrageurs.

Ces explications données, il apparaîtra sans doute au lecteur que l'analyse marxiste de la forme marchandise du produit du travail est autre chose qu'une spécialisation quelconque de la science et que son étude s'impose par sa portée à tous ceux qui s'intéressent au devenir de l'humanité.

* * *

Abordons maintenant la partie purement rationnelle de l'économie marxiste.

Le premier point qu'il convient de préciser, c'est la définition de la marchandise.

La *marchandise* se présente d'abord à notre esprit sous un aspect qui cache son véritable rôle dans l'économie sociale : celui de *valeur d'usage*. Une marchandise est, en effet, avant tout une *chose utile à l'homme* par quelque endroit, soit pour satisfaire ses besoins matériels, soit pour satisfaire ses besoins intellectuels. En second lieu, une chose utile ne peut être marchandise que si elle renferme du travail humain, c'est-à-dire s'il a fallu pour la produire transformer des choses de la nature par le travail de l'homme. Les conditions, la marche et les résultats de cette transformation seront définis par la suite. Il ne suffit pas, cependant, qu'une chose soit utile à l'homme et provienne du travail de l'homme pour qu'elle soit classée comme marchandise. La condition indispensable pour qu'elle puisse devenir marchandise c'est que son producteur la destine à l'usage des autres. Il faut en un mot qu'elle soit *produite pour être vendue et achetée*.

On voit de suite qu'il est nécessaire, au point de vue de l'économie sociale, de faire des distinctions entre les différentes choses utilisables par l'homme. Les produits naturels partout où ils s'acquièrent sans travail et sans argent ne sont pas des marchandises. De même tout produit destiné uniquement à la consommation ou à l'usage de son propre producteur n'est pas une marchandise. Tel est le cas des légumes consommés par le jardinier qui les a cultivés, du pain fabriqué par la famille paysanne pour sa nourriture, de la maison construite par celui qui doit l'habiter, etc.

De ce qu'une chose peut devenir une marchandise parce qu'elle est destinée à la vente, il ne s'en suit pas nécessairement qu'elle le devienne. La marchandise ne commence son existence que du jour où elle quitte son producteur ou son premier possesseur (1). Elle n'affirme même son existence comme marchandise qu'au moment même où elle est achetée et vendue. Hors de cette circonstance elle ne peut être qu'une valeur d'usage ou une inutilité. On pourrait même préciser davantage : au moment où elle vient d'être produite elle n'est considérée comme marchandise que par son producteur ou son possesseur ; au moment où elle est achetée et vendue, elle revêt le caractère de marchandise aux yeux de tous. Après la vente son existence comme marchandise est terminée. Elle n'est plus qu'une valeur d'usage aux mains de son acheteur, à moins que cependant cet acheteur ne s'avise lui aussi de la destiner à un nouveau marché, auquel cas la série des métamorphoses recommence. Tout ceci sera d'ailleurs éclairci en détail.

Dès maintenant on peut donc concevoir que le moyen de production possédé par celui qui l'a fabriqué (outil, matériaux etc...) et ne servant que pour la production de choses destinées à l'usage de son propriétaire ne soit pas une marchandise. Nous verrons plus tard qu'au contraire le moyen de production

---

(1) On verra par la suite que sous le régime du salariat une chose peut revêtir le caractère de marchandise vis-à-vis de son propre producteur.

possédé par celui qui l'a fabriqué, mais servant à la fabrication de produits destinés à la vente, devient marchandise le jour où ces produits sont vendus.

C'est ainsi que l'homme lui-même, dans les pays où règne encore l'esclavage, peut devenir une marchandise. C'est ainsi également que dans les pays où l'évolution économique est en avance sur le degré atteint partout ailleurs — les Etats-Unis, par exemple, — la *force de travail*, c'est-à-dire l'ensemble des facultés physiques et intellectuelles que l'homme peut appliquer à la transformation des choses de la nature, peut devenir une marchandise — et nous verrons par la suite l'importance de ce fait.

Il est donc bien établi que la qualité de marchandise ne peut s'attacher qu'au produit du travail de l'homme et seulement dans des circonstances déterminées.

Le « civilisé » moderne emploie généralement des marchandises pour la satisfaction de tous ses besoins, mais il peut employer aussi des choses qui ne seront jamais considérées comme marchandises. Certes, ces choses sont utiles à l'homme tout comme les marchandises, et leur utilité ne se distingue en aucune façon de celle des marchandises, mais c'est là leur seule propriété au point de vue de l'économie sociale. Ce sont des *valeurs d'usage* et rien de plus. La marchandise est nécessairement une valeur d'usage, mais c'est par une autre propriété qu'elle acquiert la qualité de marchandise.

Le premier effort de Marx dans son œuvre gigantesque : le *Capital*, a précisément consisté à mettre cette propriété en pleine lumière, en donnant une conclusion à l'analyse critique des travaux de ses devanciers (1).

---

(1) J'entends par là que si Marx dans sa théorie de la valeur a adopté la plupart des résultats obtenus par Ricardo et ses contemporains, il a écarté d'autre part toutes les notions confuses que Ricardo n'avait pas su éliminer ou préciser — ce qui donnait beau jeu aux adversaires de l'école ricardienne.

A la base de l'économie marxiste, se trouve en effet la *théorie de la valeur*, que je me propose de résumer et d'expliquer dans ce qui va suivre.

III

La Valeur

La Théorie Marxiste de la Valeur vis-à-vis de la Science officielle. — Ce qu'on entend par Valeur d'échange et par Valeur. — Comment la Valeur d'usage et la Valeur d'une marchandise sont indépendantes l'une de l'autre et ne peuvent entrer en comparaison. — La substance de la Valeur.

> Une valeur d'usage, ou un article quelconque n'a une valeur qu'autant que du travail humain y est matérialisé.
> Karl Marx. — *Le Capital.*

La théorie marxiste de la valeur a subi des assauts nombreux depuis l'apparition de la *Critique de l'economie politique* (1859).

Cette théorie est appelée tantôt « marxiste », tantôt « ricardienne » par ses adversaires et ses détracteurs. Les uns et les autres sont ainsi dans la logique de leurs intentions. Il est en effet des économistes qui se flattent de démolir le marxisme en l'attaquant de front. Ceux-là ne voient aucun inconvénient à attribuer à Marx le mérite qui lui revient. D'autres, au contraire, pensent que la conspiration du silence est la meilleure arme à employer contre des doctrines si « subversives ». Ils affectent donc à l'égard du marxisme un dédain complet et feignent d'ignorer que la théorie de la valeur de Ricardo a été amenée par Marx au degré de clarté et de précision nécessaire pour la mettre à l'abri des critiques courantes. Viennent enfin les anarchistes qui suivent la tradition de Bakounine jusqu'à la haine contre la mémoire de Marx et qui, surenchérissant sur leurs compères de la bourgeoisie, s'efforcent de combattre la théorie marxiste de la valeur sans la désigner.

De nos jours tout jeune agrégé de philosophie, frais émoulu de la Faculté, se croit obligé de rééditer contre cette théorie quelque vieil argument usé jusqu'à la corde. C'est d'ailleurs le premier pas à franchir pour quiconque rêve d'être classé plus tard comme « économiste éminent ». Les critiques qui viennent de la part des économistes « en vue » ne sont cependant pas meilleures. En vain les plus érudits représentants de la science officielle, les *Böhm de Bawerk* en Allemagne, les *Vilfredo Pareto* en Italie, les *Stanley Jevons* en Angleterre, les *Gide*, en France et des sous ordres tels que M. *Loria* en Italie, M. *Bernard Shaw* en Angleterre, MM. *Paul Beauregard* et *Yves Guyot* en France, se sont acharnés à cette œuvre de démolition impossible, au grand détriment de leur sens critique. Comme le veau d'or, la théorie de Marx reste toujours debout. Elle n'a pas même été mise en péril par la critique qui semblait *a priori* la plus redoutable, celle d'*Edouard Bernstein*. La très récente et si drôlatique dissertation de M. *Christian Cornélissen* sur ce sujet n'ajoutera rien aux arguments qui sont restés jusqu'ici impuissants.

Un seul fait reste acquis : c'est que la théorie Marxiste de la valeur est si bien « réfutée » par la science officielle, que cette « réfutation » doit être recommencée tous les jours ; que l'Enseignement supérieur et les Facultés de Droit après avoir écarté systématiquement cette théorie de leurs programmes sont obligés maintenant de la discuter ; et que les professeurs d'économie politique sentent leur auditoire de plus en plus incrédule quand ils exposent leurs théories arbitraires de la valeur. Vis-à-vis de la théorie marxiste de la valeur, la science officielle confesse donc involontairement sa banqueroute.

D'ailleurs toutes les critiques lancées contre cette théorie vont à l'encontre du but qu'elles prétendent atteindre. Ou elles se réduisent à des fantaisies métaphysiques, ou elles traduisent le besoin de légitimer « l'ordre » capitaliste par des considérations théoriques.

Que signifie, en effet, cette obstination — des anti-marxistes et des néo-méthodistes — à s'efforcer de démontrer que le travail humain n'est pas la substance de la valeur, si ce n'est la préoccupation d'établir *a priori* que les producteurs de toute richesse auraient tort de revendiquer pour eux seuls ce qui est leur œuvre, attendu que les parasites qui vivent à leurs dépens légitiment leurs jouissances par quelque utilité sociale !

Les socialistes révolutionnaires pourraient répliquer avec autant de raison que seule la théorie marxiste de la valeur peut être admise *a priori* par les travailleurs, parce que seule elle considère le travail humain comme facteur déterminant de la valeur, en expliquant d'ailleurs ce qu'il faut voir dans les différents facteurs sur lesquels repose la science officielle.

Mais fort heureusement pour le socialisme moderne, la théorie marxiste de la valeur ne table point sur les sentiments ni les désirs qui se font jour au sein des différentes classes de la société. Elle ne procède que de la réalité scientifique.

C'est ce qui ressortira de son exposition que je vais maintenant commencer.

**
* **

Nous avons vu que la *valeur d'usage* de la marchandise n'existe que pour le consommateur, qu'elle traduit le rapport entre les besoins du consommateur et la manière dont la marchandise peut les satisfaire. Elle n'est et ne peut être considérée que dans ou pour la consommation, et elle ne saurait caractériser la marchandise, puisque des produits peuvent avoir une valeur d'usage sans être des marchandises.

Une valeur d'usage, c'est-à-dire une chose possédant un ensemble de propriétés aptes à satisfaire des besoins humains, n'acquiert de *valeur* que si elle est introduite dans le commerce. C'est là un fait que l'opinion courante ne songe même pas à contester, car elle attribue aux objets une *valeur commerciale* indépendante de leur nature. Les économistes, qui sont tenus à plus de rigueur dans leurs dénominations, désignent cette valeur commerciale sous le nom de *valeur d'échange*. Les marxistes, qui ne peuvent s'arrêter aux apparences, disent ensuite : *la valeur d'échange des marchandises n'est que l'expression de leur valeur*. Ceci sera explicité par la suite. Provisoirement je ne ferai aucune différence entre la valeur et la valeur d'échange. Ce qu'il importe tout d'abord de déterminer, c'est la *substance de la valeur*.

A première vue, aucune loi ne paraît présider à l'échange entre les valeurs d'usage, si ce n'est la condition d'être différentes. La valeur d'échange semble seulement traduire la quantité dont on peut échanger une valeur d'usage d'une espèce déterminée contre une valeur d'usage d'espèce différente à une époque donnée. Quand on dit, par exemple, que dans le commerce *1 mètre de toile vaut* environ *autant que 2 kilogrammes de savon de Marseille*, on n'imagine pas tout d'abord qu'il y ait quelque chose de commun à la toile et au savon qui oblige — socialement parlant — à observer cette proportion.

Cependant on en a la notion si l'on considère les proportions différentes suivant lesquelles une valeur d'usage prise à part, la toile par exemple, peut être échangée contre plusieurs autres (1).

---

(1) Cet échange semble différent des opérations ordinaires du commerce, dans lesquelles on n'échange pas une marchandise contre une autre marchandise, mais une marchandise contre de la monnaie. Sans anticiper présentement sur l'analyse de ces opérations dont la forme simple sera expliquée plus loin, je ferai cependant remarquer que, grâce à la concentration capitaliste qui accumule les marchandises les plus diverses dans d'immenses bazars, il devient possible dans l'intérieur d'un même magasin, un *Louvre* ou un *Bon Marché* par exemple, d'échanger des marchandises différentes en proportion de leur valeur d'échange. La chose peut même avoir lieu par correspondance lorsque l'acquéreur a changé d'avis au reçu de l'expédition. Ce phénomène, comparé au *troc* pur et simple des sauvages, apparaît comme une des manifestations du *mouvement en retour* dans l'évolution des institutions, sur lequel notre savant ami Paul Lafargue a si justement insisté.

Par exemple, on sait que, d'après les cours actuels, 1 mètre de toile vaut autant que 2 kilogrammes de savon de Marseille,
ou que 4 kilogrammes de pain,
ou que 4 litres d'encre,
ou que 4 mains de papier écolier,
ou que 3 litres de luciline,
ou que 2 sacs de plâtre,
ou que 1 kg. 500 de tôle de fer,
ou que 1 kg. 200 d'acide borique, etc... (1)

Or les valeurs d'usage de toutes ces marchandises sont essentiellement différentes : la toile sert à l'habillement, le savon au nettoyage, le pain à l'alimentation, etc... L'équivalence de toutes ces marchandises dans des proportions déterminées ne peut donc provenir de ce qu'elles sont d'abord des valeurs d'usage, car par ce côté elles ne sont même pas comparables.

On peut faire la même remarque au sujet de leurs propriétés physiques, chimiques, physiologiques, etc... Si l'on considère, par exemple, une des propriétés physiques qui leur est commune : la pesanteur, on voit qu'elle ne fournit aucun élément de comparaison, puisque les marchandises sont mesurées tantôt en longueur, tantôt en surface, tantôt en volume, tantôt en poids ou même d'une manière plus compliquée comme les boissons spiritueuses qui sont à la fois mesurées en capacité et en degré d'alcool. D'ailleurs, en général, ces propriétés sont tout à fait différentes pour deux marchandises prises au hasard, le savon et le fer, par exemple.

Si donc les marchandises sont équivalentes dans certaines proportions, c'est qu'elles contiennent quelque chose de commun, étranger à toutes ces propriétés.

---

(1) Ces équivalences ne sont évidemment pas absolues ; mais elles donnent une idée suffisamment exacte des équivalences absolues qui ne peuvent être déterminées indépendamment des circonstances de temps et de lieu. Leur calcul est d'ailleurs inutile ici, où il s'agit avant tout d'éclaircir le raisonnement par des exemples.

Ce quelque chose de commun ne peut être constitué par les besoins que les marchandises sont destinées à satisfaire par leur valeur d'usage. Ces besoins sont, en général, aussi peu comparables que les valeurs d'usage des marchandises. Il est impossible, par exemple, de comparer le besoin de boire au besoin de se vêtir. D'ailleurs, dans le commerce, ces besoins n'entrent pas en ligne de compte. Ce que le marchand considère, ce n'est pas les « services » que ses marchandises pourront rendre à ses clients, mais la somme d'argent qu'il peut retirer de leur vente ou la quantité de marchandises qu'il peut acheter au producteur avec une somme d'argent déterminée. Autrement dit, dans la sphère de l'échange, on ne tient compte que des quantités suivant lesquelles les marchandises peuvent être échangées.

Pour trouver quelle est la substance de la valeur, il ne reste plus qu'un point à examiner : comment les matières naturelles arrivent-elles, en passant par la sphère de l'échange, à satisfaire les divers besoins de l'homme, qu'elles soient transformées ou non ? La réponse est facile et simple : par le travail de l'homme. L'homme est soumis à la loi du travail. Ce n'est qu'en appliquant ses efforts physiques et intellectuels aux choses de la nature qu'il peut exercer ses fonctions organiques et assurer son existence (1).

Les valeurs d'usage introduites dans la sphère de l'échange

---

(1) Depuis l'institution de la propriété privée, cette loi naturelle a cessé d'être une obligation pour l'individu. Dans la société capitaliste, forme actuellement la plus développée de la civilisation, on voit naître chaque jour des besoins nouveaux et de plus en plus perfectionnés. Pour les satisfaire, la société doit fournir un travail de plus en plus considérable et de plus en plus compliqué ; mais l'individu y reste plus « libre » qu'à aucune autre époque d'échapper à cette nécessité naturelle, ainsi qu'en témoignent les nombreux parasites dont l'existence constitue un défi porté à la misère ouvrière. Les philosophes de la bourgeoisie, théoriciens de l'individualisme, et leurs compères, volontaires ou inconscients, de l'anarchisme, ne font que proclamer le droit pour l'individu — c'est-à-dire pour le bourgeois — de laisser remplir par d'autres — *ses* salariés — les obligations qui lui sont imposées par la nature.

ne sont donc comparables que par ce point : il a fallu du travail humain soit pour les produire en transformant les matières naturelles, soit pour les transporter. Nous voyons ainsi pourquoi les valeurs d'usage qui ne proviennent pas du travail de l'homme ne sont pas des marchandises : elles n'ont avec les marchandises aucun point de comparaison qui vaille dans l'échange.

Tout cela était admis et enseigné avec plus ou moins de précision par des économistes précurseurs de Marx et en particulier par l'école ricardienne. Aussi ne serait-il pas question d'une théorie marxiste de la valeur si Marx se fût arrêté à cette analyse incomplète de la substance de la valeur. Nous allons voir maintenant comment Marx a perfectionné cette analyse jusqu'à lui donner une rigueur scientifique.

IV

Travail individuel et Travail producteur de la Valeur

Le Travail producteur de valeur. — La grandeur de la valeur. Ce qu'on entend par temps de travail « socialement nécessaire » — Comment le travail individuel est sans influence sur la grandeur de la valeur et sur ses variations. — Cause déterminante des variations de grandeur de la valeur d'une marchandise.

> Si l'on réussissait à transformer avec peu de travail, le charbon en diamant, la valeur de ce dernier tomberait peut-être au-dessous de celle des briques.
>
> Karl Marx. — *Le Capital.*

Les économistes défenseurs — officiels ou non — du système de production capitaliste, ne trouvent guère d'arguments à nous opposer sur le terrain de l'économie sociale qu'en faisant une confusion continuelle — volontaire ou non — entre des notions et des termes qui n'ont cependant rien qui permette de les confondre. Ces erreurs de vision, introduites par répercussion dans l'opinion courante, causent sans cesse des quiproquos en matière de discussion. C'est peut-être le plus grand obstacle que nous rencontrions dans notre propagande. Aussi nous est-il nécessaire d'indiquer le sens précis que nous attachons à beaucoup de mots correspondant à des notions claires en apparence, mais en réalité très vagues.

A cet égard, on ne saurait trop insister sur la définition du *travail producteur de valeur*.

J'ai montré dans le chapitre précédent que le seul point par lequel les marchandises peuvent entrer en comparaison sur le marché, consiste dans ce fait : il a fallu du travail humain pour les produire. C'est donc par là que les marchandises peuvent être considérées comme équivalentes dans certaines proportions. Autrement dit, c'est donc *le travail humain* qui *constitue la substance de la valeur*.

Mais nous savons déjà que des valeurs d'usage peuvent être des produits du travail de l'homme sans jamais devenir des marchandises. On conçoit donc qu'un choix doive être fait entre tous les attributs du travail humain pour déterminer ce qui, dans ces attributs, confère une valeur aux marchandises.

Il est d'abord évident que les différents travaux d'où sont sorties les valeurs d'usage réputées équivalentes sur le marché, ne peuvent entrer en comparaison si on les considère avec leurs qualités techniques particulières. Par exemple, on ne peut dire que la toile et la tôle de fer sont équivalentes sur le marché dans certaines proportions parce que l'une provient du travail du tisseur, tandis que l'autre est le produit du travail du métallurgiste. Les différents travaux humains dont les différentes marchandises constituent autant de témoins irrécusables n'ont qu'un caractère commun : ils consistent tous en une certaine dépense de forces physiques et intellectuelles de l'homme.

Donc ce qui est uniquement comparable dans toutes les marchandises, ce qui forme leur essence commune, ce qui constitue la substance de leur valeur, c'est du *travail humain anonyme* — ce que Marx appelle tantôt *travail indistinct*, tantôt *travail non qualifié*, pour se conformer aux différents vocabulaires de ses prédécesseurs.

Mais, même ramenée à ce résidu, la substance de la valeur ne laisse pas encore voir comment elle permet de distinguer les marchandises des autres valeurs d'usage provenant du travail de l'homme. Pour atteindre à plus de précision, il faut maintenant aborder une question d'ordre différent : la *mesure de la valeur*.

Comment déterminer la quantité de valeur contenue dans chaque marchandise ?

La substance de la valeur étant du travail humain anonyme, la mesure de la valeur se ramène à la mesure de la quantité de ce travail qui a été consacrée à la production de chaque marchandise.

Or, le travail étant une dépense de forces physiques et intellectuelles de l'homme, ne peut se mesurer en quantité que par le temps pendant lequel cette dépense a été effectuée ; exactement comme le débit d'une source se mesure par le temps qui lui est nécessaire pour remplir un réservoir d'une contenance déterminée : 500 litres à l'heure, par exemple. La quantité de valeur contenue dans chaque marchandise a ainsi pour mesure la *durée du travail*. Deux marchandises différentes ont donc la même valeur quand il a fallu le même temps de travail pour les produire.

Mais par durée du travail, il ne faut pas entendre le temps que met un certain artisan (M. X... demeurant à Z...) pour fabriquer une certaine marchandise : une bicyclette, par exemple. Ce n'est pas davantage le temps que met pour fabriquer le même article, un grand organisme de production considéré à part (un certain atelier, une certaine manufacture, une certaine usine). Puisque le travail qui donne de la valeur à chaque marchandise est du travail anonyme, il doit être estimé en quantité indépendamment du lieu où il a été effectué et des circonstances qui l'ont caractérisé. Autrement dit, il ne peut être mesuré que socialement et non avec un coefficient variable selon les individus et selon les lieux et les circonstances de la production.

Il s'ensuit que le temps de travail qui mesure la valeur de chaque marchandise ne peut être que celui qui est reconnu par la société comme nécessaire à la production de chaque marchandise. Or la société ne reconnaît comme nécessaire que ce qui s'impose à l'usage le plus général. Le temps de travail socialement nécessaire à la production de chaque marchandise est donc le temps que doit consacrer à cette production un ouvrier d'habileté moyenne, exerçant sa puissance de travail sur des moyens de production dont l'usage domine et dont par conséquent le degré de perfectionnement constitue le degré normal à l'époque où la marchandise arrive sur le marché.

On conçoit dès lors que la valeur d'une marchandise loin d'être une chose fixe, puisse varier continuellement. On s'explique aussi que le travail des artisans et des petits producteurs soit de moins en moins rémunérateur. Telle marchandise dont la fabrication a demandé 10 heures de travail à un artisan d'une habileté moyenne (serrurier, menuisier, cordonnier, etc...) peut être produite avec 6 heures de travail seulement dans la grande fabrique où ont été effectués les perfectionnements dominants de l'outillage moderne. Ce sont, en général, ces 6 heures de travail que la société reconnaît comme nécessaires à la production de la marchandise, par la tendance invincible des consommateurs à se procurer chaque marchandise au meilleur compte.

Autrement dit, le temps de travail individuellement nécessaire à l'artisan pour la production d'une marchandise déterminée ne coïncide pas avec le temps de travail socialement nécessaire pour la produire et c'est ce dernier seul qui mesure la valeur de la marchandise.

Le perfectionnement constant des moyens de production tend à abréger le temps de travail socialement nécessaire à la production des marchandises, tandis que l'artisan a toujours besoin du même temps de travail pour fabriquer la marchandise ou les catégories de marchandises dont il a la spécialité. Certes, les outils peuvent être perfectionnés, eux aussi, mais il est rare que les instruments collectifs de production pour la même branche de production ne soient pas perfectionnés en même temps. En définitive l'écart va toujours en grandissant entre le temps de travail socialement nécessaire à la production d'une marchandise et le temps de travail qu'y doit individuellement consacrer l'artisan. Cet écart peut même prendre des proportions fantastiques, ce que montre par exemple l'emploi dans l'imprimerie de la machine linotype et de la machine dite électrotypographe.

La rémunération du petit producteur baisse donc *fatalement* et elle devient rapidement insuffisante lorsque les conditions de la production sont révolutionnées par une découverte quelconque.

Ce point éclairci, on peut donner une définition plus précise de la mesure de la valeur. A chaque époque, peut-on dire, le travail humain se mesure à une *heure étalon* déterminée par les *conditions sociales de la production*. Ces conditions sociales donnent comme heure étalon celle qui mesure le temps de travail là où on emploie des moyens de fabrication d'un degré de perfectionnement moyen et dont l'usage domine, c'est-à-dire les procédés de fabrication qui fournissent la majeure partie des marchandises de chaque espèce. *La valeur des marchandises est mesurée par le nombre d'heures étalon qu'il faut pour les produire, quel que soit le temps qu'y emploient leurs producteurs directs.*

La valeur des marchandises hausse ou baisse selon que la productivité — ou si l'on veut le rendement — du travail qui est socialement consacré à leur fabrication diminue ou augmente. Que la récolte d'une année, par exemple, soit bonne ou mauvaise, il faut toujours la même somme de travail, mesurée à l'heure étalon, pour cultiver une étendue de terrain déterminée, tant que les moyens de culture n'ont pas été socialement perfectionnés. Cette somme de travail peut être contenue, par conséquent, une année dans 10 millions d'hectolitres de blé et l'année suivante dans 8 millions d'hectolitres. Dans ce dernier cas, on conçoit que chaque hectolitre de blé ait plus de valeur que l'année précédente.

Les économistes, qui entretiennent soigneusement la confusion que l'opinion courante fait le plus souvent entre la valeur et le prix des marchandises, prétendent que dans ce cas c'est la « rareté » du blé qui en fait augmenter la valeur. Ils ne s'aperçoivent pas qu'ils supposent ainsi la valeur constituée par autre chose que la « rareté » ; car la rareté correspondant à un rendement anormal serait tout au plus la cause de variations accidentelles de la valeur. Et quant à ceux qui voient dans la « rareté » le facteur déterminant de la valeur, il suffit de leur rappeler les paradoxes signalés par notre ami Jules Guesde dans sa brillante réponse à M. Deschanel à la séance de la Chambre du 24 juin 1896.

Considérée au point de vue marxiste, la valeur des marchandises n'a rien d'obscur, ni de mystérieux. Elle explique au contraire beaucoup de faits que la science officiellement chargée de défendre les privilèges capitalistes nie parce qu'elle ne sait ou ne veut en découvrir la cause.

V

Travail social et Travail producteur de la Valeur

La notion de la Valeur suppose la production marchande. — La Valeur et l'utilité. — Influence de la circulation des Marchandises sur les variations de la Valeur. — Travail inutile et Travail gaspillé. — Définition complète de la mesure de la Valeur.

> Quiconque par son produit, satisfait ses propres besoins, ne crée qu'une valeur d'usage personnelle. Pour produire des marchandises, il doit non seulement produire des valeurs d'usage, mais des valeurs d'usage pour d'autres.
>
> Karl Marx. — *Le Capital*.

Une erreur — et non des moindres — de l'économie politique officielle est de croire à « l'éternité » du régime capitaliste dans le passé (1) et dans l'avenir et de considérer comme « naturelles » les lois qui en régissent le fonctionnement.

Toute la tâche des économistes se trouve ainsi circonscrite à la découverte de ces « lois naturelles ». Cependant, quand ils se rencontrent avec l'économie marxiste, ils mélangent bien

---

(1) La plupart des économistes anti-marxistes enseignent en effet que le *capital* est aussi vieux que la société humaine ; et que, par exemple, la hache de pierre éclatée de l'homme préhistorique constituait déjà un capital pour son possesseur. Mais pourquoi s'arrêter en si beau chemin et ne pas voir aussi un capital dans les projectiles que, selon certains voyageurs, les singes jettent dans les forêts vierges ?

volontiers des phénomènes qui se manifestent exclusivement dans la production marchande avec d'autres qui lui sont antérieurs, — rendant ainsi « éternels » des modes de production qui n'existent qu'à l'état de survivances et qui sont en voie de disparition très accusée.

Aussi est-il nécessaire, pour prévenir des objections courantes qui n'ont pas d'autre origine, de faire une dernière délimitation à la notion de travail producteur de valeur.

A cet effet, j'étudierai d'abord le rapport qui existe entre la valeur et l'utilité des marchandises.

La *valeur* est, on l'a vu, ce qui distingue les marchandises des autres valeurs d'usage. C'est, en quelque sorte, une *propriété économique* qui caractérise la marchandise. Mais cette propriété *ne se manifeste que dans la sphère de l'échange. La notion de valeur suppose* par conséquent *la production marchande*, c'est-à-dire la production organisée en vue de la vente des produits, ou, pour employer une locution courante, la production qui a pour but de « répondre aux besoins du commerce ».

Dès lors, il ne peut être question d'attribuer une valeur aux produits qui ne sont pas classés comme marchandises, c'est-à-dire qui ne sont pas destinés à être vendus ou qui n'arrivent pas à être vendus pour une cause quelconque. C'est ainsi que, pour reprendre un exemple déjà cité, le pain que la famille paysanne fabrique avec sa propre récolte pour sa consommation exclusive, est dépourvu de valeur. Il en est de même de tout objet fabriqué par un artisan d'un métier quelconque pour son usage personnel : la table que le menuisier fait pour sa propre habitation n'a jamais de valeur tant qu'elle reste chez lui ; la paire de souliers « sur mesure » que se fait le cordonnier n'acquiert jamais de valeur si elle est usée par lui, etc...

Ce n'est pas seulement là une conséquence de la définition de la marchandise, c'est un fait historique. J'y insisterai dans un chapitre suivant. Qu'il me suffise d'indiquer actuellement que la notion de la valeur était inconnue à l'intérieur des communautés primitives ; qu'elle n'apparut, et seulement vaguement, que dans les échanges de communauté à communauté ; et qu'enfin elle était également ignorée dans l'industrie domestique qui suffisait aux besoins de la famille paysanne du Moyen Age, industrie dont certains modes de production que l'on rencontre encore à la campagne (fabrication du pain par la famille, tricotage des bas, etc...) ne sont que des survivances.

On peut encore délimiter avec plus de précision la notion de valeur.

Une chose ne revêt jamais le caractère de valeur que si son *producteur* (1) ne peut pas l'employer pour son usage personnel, soit qu'elle tienne cette particularité de ses propriétés naturelles ou de celles qui lui sont données par sa fabrication, soit que le rendement de la production la fasse devenir superflue pour son producteur. Autrement dit, cette chose doit être inutile à son producteur soit parce qu'elle est destinée à satisfaire à des besoins qu'il n'a pas, soit parce qu'il a déjà à sa disposition, fabriquées par lui, des choses pareilles en plus grande quantité qu'il ne lui en faut pour son usage ou pour sa consommation.

Mais, par contre, cette chose doit avoir une utilité réelle pour d'autres. Ce n'est que pour cette double cause qu'elle peut traverser la sphère de l'échange, c'est-à-dire devenir marchandise. En effet, son producteur, à qui elle est personnellement inutile pour une des raisons que je viens d'indiquer, est poussé à la vendre, c'est-à-dire à l'introduire dans le commerce ; et ceux pour qui, au contraire, elle présente une utilité immédiate, sont poussés à l'acheter, c'est-à-dire à la faire sortir du commerce.

En passant des mains du producteur à celles de l'acheteur, cette chose utile acquiert une valeur et la perd ; c'est-à-dire,

---

(1) J'entends ici par *producteur*, conformément au langage courant, celui au nom de qui la fabrication des marchandises est faite. La distinction fondamentale entre producteur et possesseur de moyens de production, qui sera faite et étudiée plus loin, n'ajouterait présentement rien à la clarté de l'exposition.

comme je l'ai montré dans la définition de la marchandise, devient marchandise et redevient une valeur d'usage pure et simple. Avant d'être vendue, elle n'avait pas encore de valeur, si ce n'est conditionnellement : à condition de quitter son producteur ; après avoir été achetée, si elle est destinée à la consommation de son nouveau possesseur, elle perd sa valeur. C'est seulement dans l'échange (1) qu'une chose utile peut acquérir une valeur et la conserver.

On voit donc que, pour pouvoir être réputée valeur, une chose utile doit avoir non une utilité spéciale pour son producteur, mais une *utilité sociale*. C'est pourquoi beaucoup d'économistes ont cru et beaucoup — myopes volontaires — affectent actuellement de croire que la valeur d'échange est déterminée par l'utilité. Leur erreur, sur laquelle je reviendrai dans le chapitre suivant, consiste à regarder comme comparables les utilités sociales des marchandises. Or, pour deux marchandises prises au hasard, la comparaison est en général impossible. Que l'on compare donc, par exemple, l'utilité d'un chapeau à celle d'un gigot !

L'utilité sociale d'une chose est une condition nécessaire, mais non suffisante, pour que cette chose puisse devenir une marchandise. Elle ne suffit pas à donner de la valeur à cette chose ; elle ne peut que constituer le support de sa valeur concurremment avec les autres propriétés qui en constituent la matérialité.

La chimie nous fournit de nombreux exemples de conditions aussi nécessaires et aussi peu suffisantes. En voici un des plus frappants : L'hydrogène — un des gaz composants de l'eau — brûle à l'air sans présenter aucun danger. Cependant, mélangé

---

(1) L'échange est, bien entendu, l'ensemble des opérations commerciales qui sont nécessaires pour faire passer la marchandise de son producteur à son consommateur.

à l'air en vase clos dans certaines proportions (1), il acquiert une propriété explosive. Or, le chimiste le plus novice sait que le résultat de la combustion comme celui de l'explosion est la production de vapeur d'eau. On peut donc dire que si une des utilités chimiques de l'hydrogène est de produire de l'eau par sa combinaison à un des éléments de l'air, ce n'est que dans des conditions de situation déterminées, exclusives de toutes les autres, que, mis en présence de l'air, il a une valeur explosive.

L'utilité sociale des marchandises et leur valeur sont donc deux propriétés distinctes, mais inséparables. Il s'ensuit qu'on ne saurait attribuer une valeur aux produits socialement inutiles. Par conséquent, tout objet qui a demandé un travail même considérable à son fabricant et qui cependant n'a d'utilité ni pour lui, ni au point de vue social (comme par exemple une pièce d'une machine de précision, exécutée avec des proportions erronées), est sans valeur. Le travail qui a été employé à sa production peut être assimilé à du travail improductif; ce qu'exprime d'ailleurs avec tant de justesse la locution courante : travailler en pure perte.

Il faut donc attacher une signification très précise à l'expression *temps de travail socialement nécessaire*, que j'ai employée d'après Marx pour définir la *mesure de la quantité de valeur contenue dans chaque marchandise*. C'est par négligence que des marxistes parlent quelquefois du temps de travail « social » nécessaire à la production d'une marchandise déterminée. Le travail social ne peut être que le travail accompli par la société tout entière, soit que ses membres travaillent individuellement, soit qu'ils travaillent collectivement. Or, non seulement une partie importante de ce travail est encore employée pour satisfaire à la consommation directe des producteurs et une autre partie ne donne comme résultat que des inutilités; mais bien

---

(1) Le mélange qui détonne le plus violemment est celui qui est composé de 2 volumes d'hydrogène et de 5 volumes d'air.

plus, les travaux fournis par les divers organismes de production de la société (ateliers, usines, fabriques) sont loin d'être solidairement associés. Sous l'action niveleuse de la concurrence le travail le plus productif tend à rendre inutiles les travaux d'une productivité moindre ; de telle sorte qu'on ne peut même pas regarder le travail producteur de valeur comme constitué par l'ensemble de tous les travaux exclusivement consacrés à la production de toutes les marchandises.

On serait pourtant tenté de dire : tant d'heures de travail sont consacrées à la production des marchandises de telle catégorie ; donc l'unité de mesure (mètre, mètre superficiel, litre, kilogramme, etc...) en contient une quantité égale au quotient du total des heures par le nombre qui exprime le total des marchandises produites avec l'unité de mesure choisie. Par exemple, on pourrait faire le raisonnement suivant : on sait que la quantité totale de blé récoltée chaque année est environ de 900 millions d'hectolitres et, d'autre part, eu égard au rendement de la terre dans chaque pays, on peut évaluer à environ 27.000 millions d'heures le temps de travail consacré à sa production — ces nombres n'étant d'ailleurs que très approximatifs ; par conséquent chaque hectolitre de blé contient $\frac{27.000}{900} = 30$ heures de travail social à l'état cristallisé ; c'est-à-dire fournit la preuve que 30 heures de travail social ont été dépensées.

Ce raisonnement serait inexact. Le travail qui fixe la valeur de la marchandise — ici la valeur du blé, ne compte qu'autant qu'il est du travail socialement nécessaire, c'est-à-dire qu'il est effectué dans les conditions normales et dominantes de la production. Par exemple ce n'est pas 30 heures de travail social, mais environ 25 heures de travail socialement nécessaire que contient à l'état cristallisé chaque hectolitre de blé. Enfin, le travail socialement nécessaire à la production d'une marchandise déterminée varie en général entre l'époque de la production de cette marchandise et l'époque de sa vente. A cause en effet du mécanisme même de la circulation des marchandises — mécanisme dont je donnerai plus tard une idée générale, la marchandise n'arrive le plus souvent à son consommateur qu'après un temps relativement long et se trouve vendue ou livrée dans un lieu très éloigné de l'endroit où elle a été produite. Il en résulte un gaspillage inévitable du travail productif, car des marchandises se trouvent détériorées ou par l'action du temps ou par le transport. Un autre gaspillage, et celui-là très variable, provient de l'action des monopoles sur les cours des marchés locaux et nationaux ; car, de ce fait, une quantité non négligeable de marchandises se trouve invendue et le travail qui a été employé à leur production est alors assimilable au travail improductif.

De la sorte, la valeur des marchandises n'est déterminée en quantité que théoriquement à chaque moment de la production. C'est sur elle que se base le marché, mais elle ne se réalise presque nulle part. Et les économistes qui n'aperçoivent que les perturbations qui l'empêchent de se manifester intégralement se croient des puits de science en niant que la substance de la valeur soit constituée par le travail de l'homme.

Après ces explications, qui assignent au phénomène de la valeur sa véritable place dans l'économie sociale ; qui la définissent comme le *fait théorique* qui domine la production marchande, il semblera sans doute clair à tout lecteur que *la valeur d'une marchandise est mesurée par le temps de travail socialement nécessaire pour produire cette marchandise dans les conditions dominantes de perfectionnement de l'outillage et du machinisme à l'époque de sa vente et avec un degré moyen d'habileté chez les ouvriers employés à sa production.*

Ces distinctions ne sont pas des subtilités. Marx lui-même en a senti la nécessité. Dans sa *Critique de l'Economie politique*, il a employé l'expression « temps de travail social » — si j'en crois les traductions françaises parues jusqu'ici. Sept ans après, en 1866, dans son rapport sur les salaires lu devant le Conseil général de l'Internationale, il emploie encore la même expression, mais en lui attribuant précisément le sens que je viens d'indiquer. Enfin dans son *Capital* il emploie exclusivement l'expression « temps de travail *socialement* nécessaire ».

Une telle rigueur dans les termes n'eût pas été nécessaire si certains économistes n'eussent attribué à la locution « travail social » un sens différent de celui qui était sous-entendu de prime-abord par les marxistes — ce que Karl Kautsky a relevé dans sa *Question agraire*. Mais nous n'avons pas le choix des moyens de combat. Nous devons suivre nos adversaires théoriques dans tous les méandres de leur pensée. Que l'on nous oblige ou non à accorder un soin particulier à la précision de notre langage, on n'empêchera pas la vérité marxiste de planer sur le monde capitaliste et d'en éclairer les mouvements qui le mènent à l'abîme.

VI

Les deux aspects du Travail producteur des Marchandises

Travail producteur de Valeurs d'usage et Travail producteur de Valeur. — La forme et la substance du Travail. — Rôle de l'Utilité par rapport a la Valeur.

> S'il n'y a pas, à proprement parler, deux sortes de travail dans la marchandise, cependant le même travail y est opposé à lui-même, suivant qu'on le rapporte à la valeur d'usage de la marchandise comme à son produit, ou à la valeur de cette marchandise comme à sa pure expression objective.
>
> Karl Marx. — *Le Capital*.

On a vu dans ce qui précède que la marchandise peut être considérée sous deux aspects essentiellement différents, qu'elle a d'ailleurs dans la réalité : pour le consommateur, elle n'est qu'une valeur d'usage, c'est-à-dire une chose utile à un point de vue quelconque ; pour le commerçant, elle n'est au contraire qu'une valeur, qu'il achète et revend pour en tirer un bénéfice — dont j'expliquerai la provenance par la suite.

De même, le travail producteur de marchandises se présente sous deux aspects bien distincts, correspondant à ceux qu'il confère aux marchandises.

En tant que valeur d'usage, une marchandise est une chose qui a des propriétés utiles déterminées (forme, couleur, etc...). Certaines de ces propriétés peuvent être naturelles, c'est-à-dire qu'elles existent dans la matière à l'état brut (dureté, conductibilité, etc...). Mais dans la plupart des cas, il n'y a entre la marchandise et la matière brute à l'aide de laquelle on l'a fabriquée qu'un rapport bien lointain ; et les propriétés utiles de la marchandise lui sont données pour la plupart par le travail de l'homme.

Mais il est évident que l'utilité particulière d'une chose constituant un but particulier au travail de l'homme, ce travail doit s'exécuter dans des conditions également particulières, selon qu'il doit donner comme produit telle ou telle valeur d'usage.

Le travail considéré au point de vue de l'utilité qu'il confère aux choses de la nature, se présente donc sous un aspect *concret* et *qualitatif*. C'est par exemple le travail du boulanger, le travail du tisseur, le travail du fondeur etc.; c'est aussi le travail qui sert à faire du pain, le travail qui sert à tisser la toile, le travail qui sert à transformer le minerai en une masse métallique homogène etc...

On voit ainsi ce qu'est *l'utilité* de toutes les marchandises et celle des travaux accomplis par la société pour produire ces marchandises. L'utilité des marchandises est la qualité qui correspond aux différentes *formes* de travail adoptées par la société ; l'utilité du travail est la *forme nécessaire* qu'il doit revêtir pour adapter les produits naturels aux besoins individuels ou sociaux de l'homme.

Il est nécessaire d'insister sur ce point : dans la société se font jour, au fur et à mesure que « le monde marche », des besoins de plus en plus variés, de plus en plus complexes. Ceux qui prêchent « l'épargne » aux travailleurs, avec une impudence qui touche à l'inconscience, déplorent à qui mieux mieux les « goûts dépensiers » qui s'emparent des jeunes générations d'ouvriers et d'ouvrières ; ceux-là seraient certainement étonnés si on leur disait qu'ils cherchent ainsi une mauvaise querelle à la civilisation. Car enfin par quoi se mesurent les progrès de la civilisation, si ce n'est par le chemin parcouru par l'homme pour s'élever davantage au-dessus de l'animalité proprement dite ; et n'est-ce pas par ses goûts toujours plus affinés, par ses besoins sans cesse multipliés, que le civilisé s'éloigne de plus en plus du sauvage ?

En fait, il n'est pas de découverte scientifique qui ne suscite immédiatement des besoins nouveaux dans la société, et il n'est pas non plus de besoins nouveaux auxquels la science ne se préoccupe de donner satisfaction. Ce sont là les raisons dernières de l'évolution du mode de production de la vie matérielle, laquelle, comme l'enseigne le *matérialisme économique*, entraîne l'évolution de la civilisation.

La société dirige donc son principal effort vers l'adaptation des choses de la nature aux besoins incessamment multipliés et perfectionnés de l'homme. La manière dont cette adaptation est faite constitue l'utilité générale des produits du travail de l'homme. Mais, d'autre part, pour conférer cette utilité aux produits naturels, la société doit aussi adopter des formes déterminées de travail, caractérisées chacune par les matières sur lesquelles porte ce travail, les instruments spéciaux par lesquels il doit s'accomplir, les forces naturelles qu'il doit utiliser, les conditions de durée qu'il doit observer et la manière dont l'homme doit y intervenir. Ce sont ces *formes nécessaires* qui constituent la qualité du travail ou, si l'on veut, son utilité. Ces formes sont nécessaires tant que la société n'en trouve pas d'autres ; exactement comme sont nécessaires, par exemple, les formes actuelles des moyens de locomotion et de transport : bicyclette, voiture, train, automobile, navire, ballon, etc...

La tendance irrésistible et incontestable de la société est de multiplier et de diversifier ces formes du travail utile à mesure que, d'autre part, la société réclame des produits de plus en plus variés. Cette diversité croissante du travail social est une condition nécessaire de la production des marchandises, quoiqu'elle n'aboutisse pas nécessairement à la production marchande. En effet, une valeur d'usage ne peut être échangée contre une valeur d'usage de même espèce ; pour se faire vis-à-vis comme marchandises, les valeurs d'usage doivent d'abord être différentes et parconséquent résulter de travaux différents. De plus, comme pour passer sur le marché la marchandise doit se trouver primitivement séparée de son acheteur, la production des marchandises doit être faite dans des entreprises de production indépendantes les unes des autres. Autrement dit, chaque spécialité du travail social doit être confiée à des metteurs en œuvre spéciaux, c'est-à-dire que la production des marchandises a pour condition nécessaire une *division sociale du travail* où les producteurs sont indépendants les uns des autres.

Dans la société capitaliste, qui n'est que le dernier terme de perfectionnement de la société marchande, le même fait peut s'observer ; mais on peut y constater également que l'indépendance des producteurs est la condition *sine qua non* de l'échange. Les diverses formes de monopoles dont les *trusts* sont le type le plus parfait, suppriment en effet tout échange entre diverses branches de la production sociale ; et cependant la division sociale du travail au point de vue technique n'en est pas restreinte le moins du monde.

L'indépendance des producteurs caractérise donc un système particulier de production : la production marchande, au point de vue des rapports sociaux que les producteurs peuvent avoir les uns avec les autres, mais seulement à ce point de vue ; elle ne peut influer ni sur l'utilité des marchandises, ni sur celle du travail producteur de marchandises. Mais si elle n'a pas pour conséquence une forme nécessaire du travail social, elle est par contre la seule raison pour laquelle des valeurs d'usage, produits du travail de l'homme, peuvent se faire vis-à-vis comme marchandises : c'est parce que les producteurs sont indépendants les uns des autres que les marchandises doivent être vendues et achetées pour pouvoir entrer dans la consommation. Cependant on ne saurait tirer de là aucune donnée sur les conditions dans lesquelles s'effectuent la vente et l'achat des marchandises, c'est-à-dire sur les rapports des valeurs des marchandises.

D'ailleurs, ce n'est pas davantage dans l'*utilité* du travail social, ou si l'on veut dans la *forme technique socialement nécessaire* du travail producteur de marchandises que l'on saurait trouver le principe de la valeur. Si l'on considère en effet le travail comme producteur de valeur, il nous apparaît sous un aspect *abstrait* et *quantitatif;* abstrait parce que dépense quelconque d'énergie physiologique — c'est-à-dire d'énergie musculaire, d'énergie nerveuse et d'énergie cérébrale ; quantitatif parce que comparable en quantité dans toutes ses manifestations.

C'est parce que nous n'apercevons d'abord que les formes ou les apparences dans les choses ou les phénomènes au milieu desquels nous vivons, c'est à cause de cette erreur instinctive de vision ou de discernement, que l'utilité particulière de chaque travail masque à tant de gens le lien commun entre tous les genres de travaux, et que l'on a pu considérer cette utilité, forme du travail, comme créatrice de valeur au lieu de chercher la substance de la valeur dans la substance du travail.

Cependant, avec un peu de réflexion, on aperçoit bien facilement ce caractère abstrait commun à tous les travaux humains. Est-ce que l'homme est nécessairement condamné par ses aptitudes naturelles à exercer le même métier sa vie durant ? Ne sait-on pas qu'au contraire l'ouvrier américain, par exemple, n'a cessé de provoquer l'admiration des économistes par sa facilité à passer d'un métier à un autre entièrement différent ? C'est, en effet une des supériorités physiques de l'espèce humaine sur les espèces animales proprement dites, que la facilité d'adaptation de l'homme à tous les genres de travaux. L'organisme humain ne fonctionne qu'en dépensant une certaine énergie se rapportant toujours en dernière instance au cerveau ; et la forme particulière de chaque travail humain ne fait qu'assigner des conditions spéciales à la dépense de cette énergie sans influer le moins du monde sur sa nature.

Il est vraiment étonnant que l'on puisse contester qu'il y ait une substance commune à tous les travaux humains pendant que la science considère comme identiques, quant à leur nature, les travaux accomplis par les différentes machines et qu'elle leur compare les travaux de tous les moteurs animés. En physique et en mécanique on a en effet adopté une unité de travail qui, dans le système d'unités de mesure adopté en 1881 par le Congrès international des physiciens est *l'erg* (1). C'est d'ailleurs là un point essentiel sur lequel je reviendrai dans un chapitre suivant.

On conçoit maintenant de quelle nature est l'erreur de ceux qui font reposer la théorie de la valeur sur l'utilité. Ils prennent la *forme* sous laquelle se manifeste le travail pour sa *substance*. Bernstein est allé plus loin : dans la théorie marxiste de la valeur il voulait voir une lacune. Sous le prétexte que la forme et la substance de tout objet sont deux attributs inséparables de cet objet, il soutenait que la théorie marxiste de la valeur avait sa raison d'être en tant qu'elle se rapportait au travail socialement nécessaire pour produire les marchandises ; mais que, d'autre part, elle devait trouver son complément dans une théorie ne considérant que l'utilité des marchandises ou plutôt que ces deux théories devaient être fusionnées en une seule dans laquelle le travail socialement nécessaire à la production de la marchandise et son utilité entreraient simultanément en ligne de compte pour la détermination de la valeur. Kautsky s'est chargé de relever les contradictions de cette étrange théorie (2).

---

(1) Les considérations qui ont poussé à adopter *l'erg* pour unité de travail ne sauraient évidemment trouver place ici. Néanmoins il est nécessaire de donner une indication sommaire sur cette *unité internationale de travail*. L'ancienne mesure de travail, en France, était le kilogrammètre, travail nécessaire pour élever un kilogramme à un mètre de hauteur. Le kilogrammètre vaut 98.100.000 ergs.

(2) Karl Kautsky. — *Le marxisme et son critique Bernstein.*

Il n'est d'ailleurs pas nécessaire de la citer autrement que pour mémoire ou comme exemple des résultats lamentables auxquels on arrive lorsqu'on retape à neuf de vieux arguments contre le marxisme.

Le rapport entre la valeur et l'utilité d'une marchandise apparaît sous son véritable jour si l'on considère successivement le travail producteur de valeur sous ses deux aspects. Au point de vue qualitatif il est plus ou moins productif ; au point de vue quantitatif il est invariable. Autrement dit, le même travail, appliqué à la même branche de la production donne un rendement plus ou moins considérable selon le degré de perfectionnement des instruments de travail ou selon l'état des matières premières. Il s'exprime par conséquent dans un nombre plus ou moins grand de produits, mais comme quantité totale il ne change pas. Il s'ensuit que les variations de la valeur des marchandises ne dépendent en aucune façon de leur utilité. A une époque déterminée telle marchandise a son utilité spéciale parfaitement déterminée, tandis que la productivité du travail dont elle provient peut varier d'une manière très appréciable. La même quantité de travail reste toujours utilisée pour l'ensemble des produits fabriqués dans un lieu de production déterminé, mais selon le nombre de ces produits chacun d'eux en contient sous forme de valeur une quantité plus ou moins grande. Ces produits tout en restant aussi utiles changent donc de valeur.

De là l'explication de tous ces paradoxes devant lesquels la science officielle se dérobe sans pouvoir trouver une issue. Si l'*utilité* des marchandises ne peut expliquer une anomalie dans les théories antimarxistes de la valeur, l'économiste embarrassé passe la plume ou la parole à son voisin qui appelle la *rareté* à son secours ; celui-ci a bientôt recours à un confrère qui découvre le principe de la valeur dans la *désirabilité ;* puis un autre économiste invoque l'état de *l'offre et de la demande*... jusqu'à ce qu'enfin un plus malin s'écrie : « Mes confrères vous avez tort de vous acharner sur ce problème ; la valeur n'existe pas, c'est une invention des marxistes ».

Et les marxistes de sourire.

VII

L'expression élémentaire de la Valeur

D'Aristote a Marx. — Valeur d'échange et valeur. — Les deux pôles de l'expression de la Valeur. — Ce que montre l'expression élémentaire de la Valeur. — Variations comparées de la Valeur et de son expression élémentaire.

> L'opposition intime entre la valeur d'usage et la valeur d'une marchandise, se montre par le rapport de deux marchandises, dans lequel l'une dont la valeur doit être exprimée, ne se pose immédiatement que comme valeur d'usage, tandis que l'autre, dans laquelle la valeur est exprimée, ne se pose immédiatement que comme valeur d'échange.
>
> Karl Marx. — *Le Capital.*

C'est sans doute une satisfaction bien douce que de couvrir d'épithètes dédaigneuses un adversaire disparu, mais, au regard de tout observateur impartial, quiconque emploie de tels procédés de polémique, prouve surtout son impuissance.

Lors donc qu'en 1901, dans l'*Economiste français*, M. Paul Leroy-Beaulieu après avoir fait « chanter » quelques statistiques en concluait que Marx avait été « un mystificateur aussi étourdi que prétentieux », il ne portait atteinte qu'à sa propre dignité. Il faut que l'ombre de Marx soit bien redoutable pour troubler ainsi dans sa quiétude le représentant officiel de l'économie politique classique au Collège de France !

On conçoit cependant cet accès de colère quand on prend connaissance *par le détail* de l'analyse si pénétrante que Marx a faite de la *forme de la valeur*. Marx a repris cette analyse au point où l'avait laissée Aristote, le plus grand philosophe de l'antiquité, et a donné ainsi à la théorie de la valeur une précision contre laquelle se brisent toutes les critiques. Une seule chose avait manqué au génie d'Aristote pour donner une conclusion à ses recherches sur la valeur, c'était d'avoir vécu dans une société capitaliste. Il fallait qu'une telle société s'élaborât péniblement au cours de l'évolution historique de l'humanité, qu'elle fonctionnât jusqu'à ses premières « crises », pour qu'un autre génie tirât de l'oubli le legs fait par la pensée antique à l'économie politique. Cette tâche était réservée à Marx.

Voici d'ailleurs dans ses grandes lignes la partie la plus importante de l'analyse marxiste de la forme de la valeur.

J'ai indiqué dans un chapitre précédent que la théorie marxiste de la valeur fait une distinction essentielle entre la valeur d'échange et la valeur. Suivant rigoureusement la méthode d'exposition adoptée par Marx dans *le Capital*, j'ai laissé jusqu'ici cette distinction de côté. Il s'agit maintenant d'en donner les raisons ou plus précisément de montrer comment *la valeur d'échange des marchandises est l'expression de leur valeur*.

*
* *

La marchandise est, comme on l'a vu précédemment, une valeur d'usage qui possède de la valeur. Sa valeur d'usage, ensemble de ses propriétés utiles, constitue sa *forme naturelle* (pain, papier, etc...). Mais cette forme naturelle n'a rien en elle qui exprime la valeur de la marchandise. De cela on ne saurait s'étonner, puisque la valeur ne se manifeste que dans l'échange — réel ou projeté, ou supposé. Cependant il va de soi que pour faire figure sur le marché, la marchandise doit revêtir comme valeur une forme quelconque immédiatement visible pour les acheteurs. C'est cette forme que l'on appelle *valeur d'échange*.

On se rend compte que la valeur d'échange n'est que la forme, l'expression de la valeur en analysant son contenu.

Nous qui naissons dans une société civilisée arrivée au terme de son évolution — car la phase *civilisation* de l'évolution des sociétés se clôt avec l'*ère capitaliste*, nous trouvons tout naturel d'exprimer la valeur des marchandises à l'aide de la *monnaie*. Concevoir une société sans monnaie semble tellement impossible à l'opinion courante que certains de nos ignares contradicteurs déduisent de cette impossibilité celle d'une organisation socialiste de la société. On sait pourtant bien que dans les transactions commerciales avec les peuplades non civilisées, il n'est généralement point entré de monnaie. On pourrait citer actuellement beaucoup d'endroits où les choses se passent encore ainsi. La monnaie n'est donc pas une institution d'ordre « naturel » et « éternel ». Il s'ensuit qu'elle ne saurait nous donner par elle-même l'explication du mystère qui plane sur la forme de la valeur. L'échange primitif n'y a point eu recours et c'est évidemment dans cet échange que l'on doit trouver *l'expression élémentaire de la valeur*, c'est-à-dire la forme la plus simple ou tout au moins la plus immédiate sous laquelle on puisse exprimer la valeur des marchandises.

L'expression élémentaire de la valeur consiste logiquement dans la façon d'exprimer que deux marchandises différentes, mais quelconques, prises dans des quantités déterminées, ont la même valeur.

Le type d'une telle expression sera donc :

2 LITRES DE PÉTROLE VALENT UN PAIN (de 2 kilogrammes).

Il est clair que dans cette expression les deux marchandises ne jouent pas le même rôle : le pétrole exprime sa valeur à l'aide du pain, tandis que celui-ci sert d'expression à la valeur du pétrole. On voit aussi que, même sous sa forme élémentaire *la valeur ne peut s'exprimer que relativement*. Autrement dit, la valeur d'une marchandise ne peut être exprimée que par comparaison avec une marchandise *équivalent*.

Il en est de même, d'ailleurs, pour la mesure de toutes les grandeurs : longueur, surface, volume, poids, force, travail, vitesse, etc.; *l'unité de mesure* n'est en somme qu'un terme de comparaison, un équivalent défini.

La marchandise qui exprime sa valeur dans une marchandise équivalent et cette marchandise équivalent ont deux rôles inséparables, mais exclusifs l'un de l'autre. Si on les considère à part, rien en elles n'indique leur valeur. C'est seulement parce qu'elles se font vis-à-vis que l'une d'elles a sa valeur parfaitement définie tandis que l'autre exprime de la valeur. Leurs rôles peuvent être intervertis ; mais l'une d'elles ne peut jouer à la fois l'un et l'autre rôle. Si l'on renverse en effet l'expression, si l'on dit :

UN PAIN VAUT 2 LITRES DE PÉTROLE,

le pain cesse d'être marchandise équivalent, c'est lui qui maintenant a sa valeur exprimée par rapport au pétrole, tandis que celui-ci sert d'équivalent. On on dit de deux rôles aussi inséparables, aussi exclusifs l'un de l'autre et aussi réciproques qu'ils s'excluent polairement — c'est-à-dire comme les deux pôles de la terre, comme les deux pôles d'une pile électrique, comme les deux pôles d'un aimant, etc.. C'est pour cette raison que Marx appelle les deux formes de la valeur mises en évidence dans l'expression élémentaire de la valeur : forme relative, c'est-à-dire rapportée à un équivalent ; forme équivalent, *les deux pôles de l'expression de la valeur*.

En examinant d'un peu près l'expression élémentaire de la valeur, on se rend compte tout d'abord que les quantités dans lesquelles les deux marchandises y figurent, ne sont que l'accessoire, qu'elles ne constituent pas le caractère fondamental de l'égalité des valeurs. Au lieu d'indiquer explicitement ces quantités dans l'expression que j'ai prise pour exemple, j'aurais pu dire plus simplement : une certaine quantité de pétrole vaut autant qu'une certaine quantité de pain. Ce qui importe, c'est que la marchandise qui exprime sa valeur et la marchandise équivalent soient d'essence et de propriétés différentes.

Cette expression de la valeur la fait apparaître comme une propriété essentiellement distincte de la valeur d'usage de chaque marchandise. Si en effet on se reporte à l'expression que j'ai prise pour type, on voit que le pain y joue le rôle d'image de la valeur du pétrole. Cela montre, d'une part, que le pétrole possède une valeur indépendante de ses propriétés utiles ou utilisables, puisqu'elle peut s'exprimer, prendre une figure, en dehors de la forme naturelle, liquide et incolore, sous laquelle cette marchandise se présente si on la considère isolément ; d'autre part, en donnant à cette valeur la figure pain, on sous-entend évidemment que le pain représente une valeur étrangère à sa propre valeur d'usage. Enfin, dans cette expression le pain est nécessairement considéré comme valeur, sans quoi il ne pourrait faire vis-à-vis au pétrole comme valeur ; et réciproquement il apparaît que le pétrole est aussi une valeur, sans quoi il ne pourrait trouver son équivalent dans une autre marchandise.

Nous en revenons ainsi à chercher un terme de comparaison entre deux marchandises en dehors de leurs valeurs d'usage et nous ne pouvons dès lors le trouver que dans le travail humain contenu dans chacune de ces deux marchandises. Mais ce travail ne peut être considéré qu'avec son caractère général de dépense d'énergie humaine. En reprenant en effet l'exemple que j'ai choisi comme type d'expression élémentaire de la valeur : 2 litres de pétrole valent un pain, on en déduit que la série des travaux d'où sort le pétrole — ou si l'on veut le travail humain contenu dans le pétrole — peut trouver son équivalent dans une série de travaux complètement différents d'où provient le pain. C'est donc dans un caractère général, étranger à la manière dont ces travaux sont organisés et effectués, qu'il faut chercher la raison de cette équivalence. Ce caractère général ne peut être que celui qui s'attache au travail considéré au point de vue abstrait, c'est-à-dire celui de dépense, quelconque d'énergie humaine. L'analyse de l'expression élémentaire de la valeur met donc en pleine lumière la notion du travail humain anonyme qui forme la substance de la valeur.

Cependant il faut bien se rendre compte que ce caractère commun, qui rend les marchandises comparables et permet à chacune d'elles de s'exprimer comme valeur vis-à-vis d'une autre, n'apparaît que dans l'échange. Dans mon exemple le pain est l'image de la valeur du pétrole et conséquemment est valeur lui-même, mais ce n'est que parce qu'il fait vis-à-vis au pétrole. Considéré isolément en dehors de l'échange, il ne représente rien autre chose qu'une matière alimentaire ; de même, comme le fait remarquer Marx, que « maint personnage important dans un costume galonné devient tout à fait insignifiant si les galons lui manquent ».

La forme équivalent de la valeur des marchandises met en évidence la différence essentielle qui existe entre la valeur et la valeur d'usage de chaque marchandise. Elle montre en effet, tout d'abord, que si une marchandise se suffit à elle-même pour se faire apprécier comme valeur d'usage, elle doit au contraire avoir recours à la valeur d'usage d'une autre marchandise pour exprimer sa valeur : le pétrole est une marchandise dont les propriétés sont immédiatement appréciables pour le consommateur, cependant sa valeur n'est connue que si on lui donne la figure d'une autre marchandise, le pain par exemple — nous verrons dans le chapitre suivant que la forme monnaie n'est qu'une forme dérivée.

En second lieu, grâce à la forme équivalent, le travail concret — c'est-à-dire tel qu'il a été effectué — qui a servi à produire une marchandise trouve son équivalent dans un autre travail concret entièrement différent, celui qui a été employé pour la production de la marchandise équivalent. Il n'entre donc en ligne de compte que sous la condition préalable d'être dépouillé de tous ses attributs, c'est-à-dire seulement à titre de travail abstrait et ce travail abstrait se trouve revêtu d'une forme sociale immédiatement appréciable pour tous : le travail concret contenu dans la marchandise équivalent. Ainsi la substance de la valeur d'une marchandise trouve son expression en dehors de cette marchandise, tandis que la valeur d'usage est une propriété strictement inhérente à la marchandise.

Considérons maintenant les proportions dans lesquelles figurent dans l'expression élémentaire de la valeur les deux marchandises qui s'y font vis-à-vis. Ces proportions varient évidemment avec la productivité du travail employé à la fabrication de chaque espèce de marchandises. Pour trouver les lois de cette variation, il faut revenir à l'exemple déjà pris pour type :

2 LITRES DE PÉTROLE VALENT UN PAIN.

Supposons d'abord que l'heure étalon à laquelle se rapporte le travail socialement nécessaire à la production de chaque marchandise reste invariable et faisons abstraction de l'influence des monopoles sur les cours des marchés ; influence qui d'ailleurs peut tout au plus rendre obscures les manifestations de la loi de valeur sans y porter atteinte. Plusieurs cas sont alors à envisager :

Si la productivité du travail employé à la fabrication du pain reste constante, la quantité de valeur représentée par un pain reste évidemment constante. La valeur relative du pétrole par rapport au pain varie alors en raison inverse de la productivité du travail consacré à la production du pétrole ; c'est-à-dire qu'elle augmente quand cette productivité diminue et diminue quand cette productivité augmente. Si par exemple cette productivité double, il faudra moitié moins de temps de travail (mesuré à l'heure étalon) pour produire la même quantité de pétrole. L'expression prise pour exemple deviendra alors :

2 LITRES DE PÉTROLE VALENT 1/2 PAIN.

Si au contraire le travail employé pour la production du pétrole fournit un rendement invariable pendant que la productivité du travail consacré à la fabrication du pain varie, la valeur relative du pétrole par rapport au pain varie en raison directe de cette productivité; c'est-à-dire que par exemple si cette productivité double, la valeur relative du pétrole double également, car le pain représente alors une quantité de valeur moitié moindre.

Si maintenant les quantités de valeur représentées par le pétrole et le pain varient proportionnellement (ce qui peut arriver pour deux raisons : soit que les productivités des travaux d'où proviennent ces marchandises varient proportionnellement, soit parce que ces productivités restant constantes l'heure étalon varie), la valeur relative du pétrole reste invariable.

Enfin si l'on suppose à la fois que l'heure étalon varie et que les productivités des travaux consacrés à la production du pétrole et à la fabrication du pain varient d'une manière quelconque, hypothèse la plus conforme à la réalité, on voit que l'expression élémentaire de la valeur peut varier sans donner aucune indication sur les variations réelles de la valeur des deux marchandises qui s'y font vis-à-vis.

Il résulte de toute cette analyse que la valeur d'une marchandise est à la fois indépendante de la valeur d'usage de cette marchandise et de la façon dont elle est exprimée. Elle a deux manières de se présenter sur le marché : sous sa forme naturelle qui est constituée par la matière même de la marchandise et sous la forme de valeur d'échange, la seule qui permette de la traiter comme une grandeur mesurable ; mais de même que « l'habit ne fait pas le moine », de même la valeur n'est ni déterminée ni influencée par la forme qu'elle revêt. Il ressort même de l'analyse marxiste de la forme de la valeur que les variations de la valeur d'échange de la marchandise ne traduisent pas nécessairement les variations de la valeur de cette marchandise. La valeur et la valeur d'échange sont donc deux choses absolument distinctes et les économistes qui les confondent ou qui nient l'existence de la valeur en dehors du « rapport d'échange » se condamnent eux-mêmes à pâlir sur des paradoxes qui pour les marxistes n'ont rien d'inexplicable.

Je reviendrai sur ce point à la fin de la théorie de la monnaie.

VIII
Genèse de la monnaie

Extension du rôle de l'équivalent. — La forme totale ou développée de la Valeur. — La forme générale. — La forme monnaie. — Conditions historiques de son développement.

> La marchandise spéciale avec la forme naturelle de laquelle la forme équivalent s'identifie peu à peu dans la société, devient marchandise monnaie. Sa fonction sociale spécifique, et conséquemment son monopole social, est de jouer le rôle de l'équivalent universel dans le monde des marchandises.
>
> Karl Marx. — *Le Capital.*

L'incomparable puissance de l'argent, ce moteur du monde moderne, le fait regarder comme doué d'une existence symbolique étrangère à sa nature pure et simple. L'opinion courante lui attribue des propriétés aussi mystérieuses que « les desseins cachés de la Providence ». Il n'est même pas de Dieu auquel elle se soumette avec plus de fatalisme.

Depuis longtemps pourtant, Marx, ce vivisecteur de la société capitaliste, a dépouillé l'argent de ses attributs imaginaires en résolvant l'énigme de la *monnaie* (1).

La plus grande difficulté résidait dans la recherche du point de départ : l'expression élémentaire de la valeur, qui vient d'être étudiée.

Il a été ainsi établi que sous sa forme élémentaire, c'est-à-

---

(1) Des adversaires du socialisme-révolutionnaire pourront être tentés de s'écrier que la théorie marxiste de la monnaie, telle que je l'expose, a beaucoup de points communs avec la théorie enseignée par plusieurs professeurs d'économie politique. De là à conclure au plagiat, il n'y a qu'un pas. A ceux-là, je conseillerai de consulter tout d'abord les traités d'économie politique parus avant 1859, année où Marx publia sa *Critique de l'économie politique*. Ils pourront ainsi se convaincre que les plagiaires ne sont point de notre côté, mais qu'on les trouve chez les économistes officiels, qui s'approprient par ci par là des des morceaux de la théorie marxiste, tout en faisant contre Marx la conspiration du silence.

dire la plus simple, la valeur d'une marchandise ne peut s'exprimer que par rapport à une autre marchandise, la marchandise équivalent ; et que dans l'échange pur et simple, autrement dit le *troc*, la marchandise équivalent joue le rôle d'image de la valeur de la marchandise avec laquelle elle est immédiatement échangeable.

Mais si l'analyse de cette forme de la valeur met en évidence le caractère abstrait et général de la valeur, elle n'indique cependant aucune dépendance entre toutes les expressions du même genre, aussi innombrables que la série des marchandises. Chacune des équivalences particulières entre deux marchandises déterminées paraît constituer un fait particulier, dû à des circonstances spéciales ou occasionnelles. Autrement dit, l'échange est immédiatement possible entre la marchandise et son équivalent, mais l'expression élémentaire de la valeur ne montre pas que *toutes* les marchandises sont échangeables dans des proportions déterminées. Pour chacune de ces expressions la raison de l'équivalence gît bien dans l'égalité du travail humain — égalité qualitative et quantitative — contenu dans chacune des marchandises qui se font vis-à-vis, mais cette raison doit être mise en évidence chaque fois que l'on passe d'une expression à une autre.

D'ailleurs, l'évolution historique du commerce nous montre qu'à son apparition le troc — dont l'expression élémentaire de la valeur est la traduction théorique — s'est étendu très lentement aux diverses espèces de valeurs d'usage alors connues. Le caractère général de l'expression élémentaire de la valeur est donc un fait si peu évident que dans le cours de l'histoire il ne s'est que péniblement imposé à l'esprit humain. Et encore faut-il ajouter que c'est instinctivement, sous la poussée de la nécessité, que l'on a comparé entre eux les divers trocs. Il a fallu enfin un penseur comme Aristote, venant au monde dans une société marchande déjà vieille où la culture des connaissances de l'esprit était déjà très développée, pour découvrir un caractère général et universel à l'expression élémentaire de la valeur.

Ce caractère apparaît immédiatement si dans l'expression

élémentaire de la valeur on fait varier successivement les deux pôles, c'est-à-dire si l'on remplace l'une ou l'autre des marchandises qui se font vis-à-vis par une série de marchandises de même valeur.

Dans l'ordre logique, c'est d'abord la marchandise équivalent que l'on doit faire varier afin d'étendre le rôle d'équivalent à la totalité des marchandises.

Au lieu de l'expression prise comme exemple dans le chapître précédent, on aura ainsi une série d'expressions élémentaires :

2 LITRES DE PÉTROLE VALENT UN PAIN,
        ou 1 kilogramme de savon,
        ou 2 litres d'encre,
        ou 2 mains de papier écolier,
        ou 1 sac de plâtre,
        ou 750 grammes de tôle de fer,
        ou 600 grammes d'acide borique,
        ou 100 grammes de café,
        ou 1 litre d'alcool à brûler,
        ou *20 centigrammes d'or*, etc.

On se rend compte par cette simple énumération que la série des équivalents peut être prolongée autant que l'on voudra, jusqu'à ce qu'elle englobe toutes les espèces de marchandises.

Cette expression de la valeur est ce que Marx appelle la *forme totale* ou développée de la valeur. Elle montre que non seulement la valeur d'une marchandise est une propriété étrangère à sa valeur d'usage, mais encore qu'elle peut prendre la figure de n'importe quelle autre marchandise.

Dans l'expression élémentaire de la valeur une seule marchandise se présentait comme immédiatement échangeable avec celle dont on exprimait la valeur ; avec la forme totale ou développée de la valeur, toutes les marchandises, sauf une seule, se présentent comme immédiatement échangeables avec cette dernière ; et il devient ainsi évident que les diverses quantités suivant lesquelles les marchandises sont échangeables ne sont pas déterminées par l'échange, mais par la quantité de valeur contenue dans la marchandise que l'on compare à toutes les autres.

Mais l'échange implique réciprocité. On peut donc retourner

la série des égalités prise comme exemple de forme totale de la valeur et dire :

Un pain,
1 kilogramme de savon,
2 litres d'encre,
2 mains de papier écolier,
1 sac de plâtre,
750 grammes de tôle de fer,
600 grammes d'acide borique
100 grammes de café,
1 litre d'alcool à brûler,
20 *centigrammes d'or*, etc.

} valent (séparément) 2 litres de pétrole.

La notion de l'équivalent reçoit ainsi une nouvelle extension : Au lieu d'exprimer la valeur d'une marchandise dans des quantités déterminées de toutes les autres marchandises, on exprime maintenant la valeur de toute une série de marchandises sauf une à l'aide d'une quantité déterminée de cette dernière. Dans la forme totale de la valeur, chaque marchandise équivalent ne figurait que comme équivalent particulier. Dans la nouvelle manière d'exprimer la valeur, que Marx appelle *forme générale*, une seule marchandise — dans mon exemple le pétrole — figure comme équivalent général de toutes les autres.

La valeur de chaque marchandise se présente donc, grâce à cette nouvelle forme, non seulement comme distincte de sa valeur d'usage, mais aussi comme distincte des valeurs d'usage de toutes les autres marchandises sauf une qui permet la comparaison entre les valeurs des autres. Au lieu d'être immédiatement échangeables les unes contre les autres, les marchandises sont obligées en quelque sorte de s'adresser à un représentant officiel commun qui fixe les proportions suivant lesquelles elles sont d'égale valeur. Le monde des marchandises ressemble par ce côté à l'Etat démocratique moderne, où les grandes administrations ne peuvent entrer en contact que par une série de hiérarchies aboutissant toutes à une gérance centrale constituée par le ministère au pouvoir.

D'autre part, la marchandise équivalent, qui dans le troc pur et simple ne revêtait ce rôle que passagèrement, a dans la forme générale de la valeur un *rôle social*. Elle ne peut être équivalent général que si toute la société lui reconnaît cette fonction.

Tous les travaux divers qui servent à produire les marchandises sont ainsi reconnus comme comparables par une propriété commune, distincte de leur forme particulière, puisqu'ils sont socialement réputés égaux au travail contenu dans la marchandise équivalent général, c'est-à-dire à un travail qui revêt une forme particulière toujours la même.

En fait, la société a accordé tout d'abord la qualité d'équivalent général à plusieurs marchandises dont le nombre fut peu à peu réduit au cours de l'évolution historique : têtes de bétail, esclaves, céréales, coquillages, etc… Les tribus sauvages, qui nous représentent actuellement ce qu'était l'enfance de l'humanité, en sont encore à ces procédés rudimentaires d'échange, malgré la pénétration forcée de la civilisation européenne. Les anciennes formes de l'équivalent général ont même survécu longtemps après l'adoption des nouvelles. Ce n'est qu'au fur et à mesure des progrès du savoir humain et de la diffusion des moyens de communication que la société a peu à peu pris comme étalon des valeurs un équivalent général uniforme.

Cet équivalent général, matérialisation du temps de travail général, devait réunir les qualités essentielles suivantes : être *divisible* au gré des besoins du marché ; être *homogène*, c'est-à-dire de constitution identique dans toutes ses parties ; être enfin *incorruptible*, c'est-à-dire capable de résister à l'action des agents naturels. Les *métaux précieux* réalisaient toutes ces conditions. Aussi est-ce pour ainsi dire instinctivement qu'on les adopta comme équivalents dans tous les pays. L'ordre dans lequel ils furent successivement choisis dans chaque contrée ne dépendit que de la difficulté de leur extraction ou de leur fabrication.

L'équivalent général doué de toutes les propriétés qui permettent de l'utiliser universellement, c'est-à-dire indépendamment des circonstances de temps et de lieu, est ce que l'on appelle la *monnaie*.

La monnaie n'est pas une forme nouvelle de l'équivalent ; elle ne constitue qu'un perfectionnement destiné à donner à son rôle une extension illimitée. Aucune transition n'est en effet nécessaire au point de vue théorique pour passer de la forme générale de la valeur à la forme monnaie.

Si l'on se reporte en effet à l'exemple pris pour type de forme générale de la valeur, on voit qu'il suffit d'y faire la transposition suivante pour avoir la forme monnaie de la valeur de toutes les marchandises qui y figurent :

Un pain,
1 kilogramme de savon,
2 litres d'encre,
2 mains de papier écolier,
1 sac de plâtre,
750 gr. de tôle de fer,
600 grammes d'acide borique,
100 grammes de café,
1 litre d'alcool à brûler,
2 litres de pétrole, etc...
} valent (séparément) 20 *centigrammes d'or*.

La forme monnaie de l'expression de la valeur s'appelle le *prix*. C'est en somme le nom que reçoit comme valeur une quantité déterminée de l'équivalent général lorsqu'il est devenu monnaie. Dans la société moderne c'est par conséquent le nom donné à une certaine quantité d'or monnayé. On n'énonce en effet rien de nouveau sur la forme de la valeur quand on dit que

20 centigrammes d'or monnayé valent 60 centimes

Telle est, réduite à ses lignes essentielles, la genèse marxiste de la monnaie. A mesure que se développe et s'universalise le régime capitaliste, les qualités qui confèrent à la monnaie le rôle d'équivalent général se renforcent et se précisent. La monnaie donne aujourd'hui non seulement la mesure des valeurs de marchandises visibles et palpables, mais aussi de choses absolument insaisissables telles que la conscience, l'honneur, l'amour, la bénédiction divine, etc..., en dépit des cris d'orfraie que poussent les moralistes dont l'intelligence reste rebelle au *matérialisme économique*.

IX

Signification du rôle apparent de la Marchandise

RAISON POUR LAQUELLE LA VALEUR EST INSÉPARABLE DE LA PRODUCTION MARCHANDE. — PRINCIPES CONSTITUTIFS DE LA PRODUCTION MARCHANDE ; COMMENT ELLE SE DISTINGUE DES AUTRES MODES DE PRODUCTION. — COMMENT LA FORME MARCHANDISE DES PRODUITS DU TRAVAIL CACHE UN RAPPORT SOCIAL ENTRE LES PRODUCTEURS.

> La valeur ne porte pas écrit sur le front ce qu'elle est. Elle fait bien plutôt de chaque produit du travail un hiéroglyphe. Ce n'est qu'avec le temps que l'homme cherche à déchiffrer le sens du hiéroglyphe, à pénétrer les secrets de l'œuvre sociale à laquelle il contribue, et la transformation des objets utiles en valeurs est un produit de la société, tout comme le langage.
>
> KARL MARX. — *Le Capital.*

En résumant l'analyse précédente de la substance et de la forme de la valeur, on se pose nécessairement une question dont la solution élimine l'ensemble des critiques que l'on a pu lancer contre la théorie marxiste de la valeur.

Nous avons vu en effet jusqu'ici que le *travail anonyme* est la substance de la valeur, que la durée de ce travail rapportée à l'*heure étalon* mesure la grandeur de la valeur, que dans la société capitaliste la valeur se présente sous la forme universelle de monnaie ; que, d'autre part, elle ne se manifeste qu'au cours de l'échange et qu'enfin elle est le phénomène caractéristique de la production marchande. Il est donc naturel de se demander ce qu'est la valeur et pourquoi l'histoire n'en a pas enregistré la première apparition.

Faut-il admettre, contrairement à la science qui nie la « génération spontanée », qu'elle ait surgi brusquement des premiers échanges ou doit-on voir en elle une chose dont le sens a échappé jusqu'à maintenant à l'intelligence humaine ?

Marx n'a point oublié ce côté du problème. Il l'a résolu triomphalement.

La valeur est l'attribut par lequel les marchandises se distinguent des autres produits du travail de l'homme parce qu'elle est le *caractère social qui s'attache au travail en régime de production marchande*. Il y aurait autant d'absurdité à supposer une pareille production non créatrice de valeur, qu'à attribuer de la valeur aux produits du travail sous un autre régime de production. La valeur naît, vit et meurt avec la production marchande.

La production marchande repose en effet sur ce principe que les produits du travail doivent traverser la sphère de l'échange avant de parvenir à ceux qui doivent les utiliser (1). Or, si les marchandises étaient considérées sur le marché pour ce qu'elles sont au point de vue strictement matériel, c'est-à-dire comme des choses douées de certaines propriétés d'utilité bien définie et résultant de travaux particuliers, jamais elles ne pourraient entrer en comparaison et conséquemment leur échange ne pourrait avoir lieu. L'échange exige donc comme condition préalable que l'on fasse abstraction des différences entre les travaux privés qui constituent la division sociale du travail. Les utilités différentes des marchandises étant aussi écartées, il ne reste après cela qu'une propriété commune à toutes les valeurs d'usage qui

---

(1) Il est inutile de rechercher si ce régime de production peut exister à l'exclusion de tout autre à un moment quelconque de l'évolution sociale. En fait, les différents régimes de production ne s'excluent jamais complètement les uns des autres. A chaque époque économique de la société, il y a des survivances des époques antérieures Il suffit qu'un régime de production domine d'une façon incontestable à une époque déterminée pour qu'il soit considéré comme caractérisant ce moment de l'évolution de la société. Mais dans la présente étude on ne considère, bien entendu, que les phénomènes types de la production marchande et de la production capitaliste.

se trouvent en présence sur le marché et qui leur permet d'être réputées égales dans des proportions déterminées : celle de résulter de travaux d'essence égale ou autrement dit d'une dépense anonyme de force humaine. C'est ce *caractère d'égalité à priori reconnu au travail humain d'où résultent des produits qui entrent sur le marché*, caractère social, c'est-à-dire qui n'existe qu'au point de vue social et que chacun ne peut concevoir sans imaginer la société en fonctionnement, qui *constitue la valeur*.

Il est cependant bien évident qu'un producteur isolé, par exemple un jardinier qui porte ses produits au marché — lesdits produits étant dans la circonstance des salades, des carottes, des navets, etc... — ne se préoccupe guère du caractère social de son travail qui sera constaté par la vente-achat de ces produits et qui seul entrera en ligne de compte. Il recevra en échange de ses produits une certaine somme d'argent et à supposer — hypothèse très vraisemblable — qu'il attende après cet argent pour la satisfaction de ses besoins et de ceux de sa famille, il ira le porter au boulanger, au boucher, au charcutier, au magasin de nouveautés, au bazar, etc...

Une seule chose l'aura préoccupé au cours de ces diverses opérations ; d'abord combien d'argent il pourra obtenir pour ses fruits et ses légumes, ensuite combien il pourra acheter de marchandises en échange de cet argent. Il est évident que, dans sa vente comme dans ses achats, ses désirs sont poussés aussi loin que possible ; mais les acheteurs et les vendeurs qui se trouvent en présence de lui sont animés des mêmes intentions. Or chacun sait qu'en dehors de certaines opérations commerciales qualifiées par l'opinion courante de *marchés avantageux ou désavantageux*, acheteurs et vendeurs ne sont point livrés à leurs fantaisies ou à des duels particuliers entre leurs désirs. C'est par dessus leurs têtes que se règlent les *prix*, qui peuvent certainement passer par bien des fluctuations, mais qui, à chaque époque, oscillent autour d'une position d'équilibre incontestable. Il s'ensuit donc que la société, considérée comme un organisme solidaire, fixe pour ainsi dire à l'insu des producteurs les proportions suivant lesquelles les marchandises peuvent être échangées ; et c'est naturellement dans un caractère social attaché aux produits du travail qu'elle trouve un élément de comparaison.

Ce caractère social s'aperçoit très simplement si l'on se demande en quoi consiste au point de vue strictement économique la société marchande. Comme je viens de le faire remarquer, cette société gravite autour de l'échange, c'est-à-dire que toutes les relations sociales des producteurs entre eux y dérivent de l'échange. Les producteurs sont absolument indépendants les uns des autres tant qu'ils n'auront pas besoin d'échanger leurs produits. Ils organisent leur travail comme ils l'entendent et en apprécient la qualité et l'importance selon leur manière de voir particulière. Mais comme les produits de chacun d'eux sont utilisés par d'autres, ils travaillent en fait les uns pour les autres. Lors donc que leurs produits arrivent sur le marché, le travail d'où ils dérivent cessent d'être mesuré selon l'appréciation de celui qui l'a effectué, pour être apprécié socialement. Mais comme les producteurs traitent entre eux d'égal à égal, leurs travaux reçoivent par là même un caractère d'égalité *a priori*. Enfin, chaque producteur tenant à ne rien perdre de son travail au bénéfice d'un autre, l'échange ne peut avoir lieu qu'en vertu d'une convention sociale, c'est-à-dire que si les producteurs adoptent pour leurs travaux différents une *mesure sociale*. Par le seul fait que ces travaux sont mesurés socialement, ils sont revêtus d'un caractère social qui dans la pratique prend le nom de valeur des marchandises.

La chose devient encore plus claire si au lieu de considérer une société marchande, type constitué au point de vue économique par des producteurs individuels indépendants les uns des autres, on considère une société marchande déjà développée, c'est-à-dire où la grande production marchande a déjà fait son apparition.

Dans la forme simple de la société marchande, la valeur

se présente comme le caractère d'égalité *a priori*, au point de vue social, que tous les travaux privés différents ont dans l'échange réel. Dans la grande production marchande ce caractère est admis même avant l'échange, même avant que les marchandises ne soient fabriquées. Ce qui intéresse en effet la grande production — je conserve actuellement les dénominations courantes — ce ne sont ni ses besoins particuliers, ni ceux des consommateurs, les conditions du marché étant supposées normales, mais uniquement le temps qui est employé à la fabrication des marchandises ; car en dernière analyse c'est par le nombre d'ouvriers employés et par le temps pendant lequel on doit les employer — c'est-à-dire les payer — que l'on reconnaît si la production d'une espèce particulière de marchandises est avantageuse ou non. Le travail humain n'est donc considéré ainsi qu'au point de vue de sa productivité relativement à sa durée, c'est-à-dire indépendamment des circonstances qui le caractérisent selon qu'il est consacré à la fabrication de telle ou telle espèce de marchandises. Avant même qu'il ne soit effectué on admet donc qu'il a une mesure sociale.

La nature de la valeur étant mise bien nettement en évidence, il reste à montrer que si elle caractérise la production marchande elle repose cependant sur un fait commun à tous les régimes de production : la comparaison de travaux privés différents considérés comme *formes* différentes d'une dépense anonyme de travail humain. Je me bornerai à un exemple : la *production inter-familiale*. C'était là le mode de production particulier à la famille paysanne du moyen-âge et on peut encore actuellement en constater des survivances dans les campagnes éloignées des grands centres. En dehors des corvées à fournir au seigneur, la famille se suffisait à elle même au point de vue de la nourriture, du vêtement ou de l'habitation. Vis-à-vis d'elle-même aliments, bétail, vêtements, maison etc... se présentaient comme des produits de son propre travail et non comme des marchandises. Cependant, l'agriculture, l'élève du bétail, la confection des vêtements, la construction des bâtiments qui constituaient la division du travail interfamilial se présentaient vis-à-vis de la société comme des branches diverses de la division sociale du travail tout comme dans la production marchande. Or à l'intérieur de la famille le travail est mesuré uniquement par sa durée eu égard à son rendement ; il n'est point considéré par rapport à la nature particulière des produits qui en résultent. Son caractère social, qui se confond alors avec son caractère interfamilial, est encore ici celui de dépense d'énergie humaine anonyme, mais comme il n'y a pas échange entre les producteurs, comme les producteurs consomment ou utilisent en commun ce qu'ils produisent en commun, le caractère d'égalité *a priori* de tous les travaux n'est pas réputé valeur.

En fait, l'échange n'est donc qu'un des modes suivant lesquels les producteurs entrent en rapports socialement. La valeur n'est pas créée par ce genre de relations. Elle est la forme particulière que prend le caractère social des travaux humains dans la production marchande. Elle caractérise ce régime de production parce qu'elle préside à la comparaison entre les marchandises et qu'elle semble ainsi établir un rapport entre les produits du travail humain alors qu'en réalité ce sont les travaux des producteurs qui sont comparés en étant tous ramenés à une même unité sociale et que, par suite, comme dans tout autre régime de production il n'y a de rapport social qu'entre les producteurs.

Tout est d'ailleurs illusoire dans le rôle apparent de la marchandise. En effet, dès que le produit du travail revêt la forme de marchandises, le caractère d'égalité *a priori* de tous les travaux humains acquiert la forme de valeur des produits du travail ; la mesure des travaux individuels par leur durée acquiert la forme de grandeur de la valeur et enfin les rapports sociaux des producteurs constitués par l'échange acquièrent la forme de rapports entre les produits du travail. Une fois peuplé de ces illusions fondamentales, le monde des marchandises présente autant de mystères que les mythologies inventées par l'ignorance et la crédulité humaines. Mais de même qu'une étude rationnelle des diverses religions les montre comme le reflet fantastique de rapports entre l'homme et le milieu dans lequel il évolue, de même l'analyse marxiste de la forme marchandise du produit du travail restitue au rôle apparent de la marchandise sa véritable signification qui n'est autre que celle-ci : l'expression d'une division sociale du travail où les travaux privés ne sont comparables que socialement et où par conséquent les producteurs, indépendants les uns des autres, ne peuvent entrer en rapports comme producteurs que socialement.

MONTLUÇON, IMPRIMERIE MIDON

www.ingramcontent.com/pod-product-compliance
Lightning Source LLC
LaVergne TN
LVHW051501090426
835512LV00010B/2275